JN299447

英語教師のための
発問テクニック

英語授業を活性化する
リーディング指導

田中武夫・田中知聡 著

大修館書店

はじめに

■ 本書の目的

　どうすれば生徒を授業に積極的に参加させることができるのでしょうか？授業ではどのような活動を生徒に取り組ませればよいのでしょうか？楽しい英語授業を行うにはどうすればよいのでしょうか？

　現在，多くの教師が，リーディング指導を中心とした英語授業の方法に悩んでいるといいます。英語力に大きな差がある生徒たちを目の前にして，どのように一斉に指導すればよいのか悩んだり，表現活動につながるようなリーディング指導を具体的にイメージすることができなかったり，さらには，ALTとのティームティーチングをどのように実施していけばよいかわからないという教師も多いことでしょう。

　英語教師として何年か経験してくると，次第に自分の授業スタイルが決まってきます。自分なりのやり方が確立してきたという意味ではよいことなのですが，何か工夫したいと思っていてもその方法が見つからず，なんとなく同じパターンで授業をこなしてしまうということがよくあります。そこで大切なことは，英語授業のバリエーションを増やすよう心がけることです。できれば，第二言語習得理論や認知心理学や教育心理学などの知見を踏まえた指導方法を，具体的なイメージをもって，自分のアイデアの中に取り入れていくことができれば，授業そのものをダイナミックに計画していく力がつくことでしょう。

　筆者はこれまで，中学・高校・大学など様々な校種の授業について現場の先生方と共に議論してきました。生徒が生き生きと取り組む授業，教師の指示が生徒に十分に伝わる授業，そして，リーディングの目的が明確で生徒たちが達成感をもてる授業には，共通した特徴があることに着目しました。

　それは，教師の「発問」です。

リーディングの授業において，教師が生徒に「何を問うか」を工夫しているかどうかが，優れたリーディング指導を考えるための重要な鍵を握っているのです。授業において，その生徒の実態や目標にあった「発問」を適切なタイミングで投げかけることによって，生徒の集中力が高まり，「よし読んでやろう」「ぜひ読んでみたい」と意欲的にリーディング活動に取り組むということがわかってきました。

　そこで筆者は，できる限り多くの発問を収集し，グループ化し，いくつかのカテゴリーに分け，その特徴や発問づくりのプロセスを分析していきました。なぜ発問が良いのか，認知心理学や第二言語習得理論研究をもとに考察も加えました。そして，その発問をつくる際のコツを，実際に授業を行う現場の先生方が具体的にイメージできるよう議論を重ね，本書をまとめるに至りました。

　本書の目的は3つあります。1つ目は，英語授業の準備を効率的にできるように，その方法をわかりやすく提示することです。発問を念頭において教材研究をすることで，テキストを捉える視点が広がり，指導目的も明確になります。その結果として，メリハリのある豊かな授業ができるようになります。2つ目は，テキストの扱い方のバリエーションを広げると同時に，英語による読みの楽しみ方を知ってもらうことです。これまで気にも留めなかったテキストの特徴に目がいくことで，指導における視野が広がることがあります。ここに焦点を当てれば読みたくなるという感覚を教師自身が持つことができれば，授業にも大いに役立つはずです。そして3つ目は，具体的なテキストをもとに，発問づくりのコツをつかんでもらうことです。テキストタイプや指導目的，異なる授業展開に応じて，様々な発問のアイデアを本書では紹介します。明日からの授業でもすぐに応用できることがたくさんあるはずです。その発問の根底にある理論的な考え方も参考にしてください。

■　本書の構成

　本書は，次の6つの章から構成されています。

　第1章　「発問」を中心にすれば授業が変わる
　第2章　英文テキストの特徴をつかもう
　第3章　生徒を把握し，指導目標を考えよう
　第4章　生徒の読みを導く発問をつくろう

第5章　さらに上をいく発問テクニック
第6章　発問を中心に授業を組み立てる

　第1章では，まず発問とはどのようなものなのかを定義し，英語授業に発問を取り入れることによって，どのようなことができるか発問の役割について解説します。第2章からは，どのように発問づくりを進めていくとよいかを，教材解釈，生徒の把握，目標の設定，授業の考案の4つの段階に分けて見ていくことにします。まず，第2章では，教材である英文テキストの特徴のつかみ方を紹介します。第3章では，生徒の把握と目標の設定についての方法を解説します。第4章では，授業展開を導入・理解・思考・表現という4つの展開にわけ，授業展開ごとにどのような発問を考え，何に気をつけて発問すべきか述べます。第5章では，生徒の主体的な教材への関わりを生み出す発問とは，どのようなものか，発問の特徴に焦点を絞って解説します。そして，第6章では，発問を中心とした具体的な授業例を紹介します。

■　**本書の特徴**

　本書のもっとも大きな特徴は，英語教育のなかでこれまであまり議論されることのなかった「発問」に着目し，生徒の主体的な読みを促す指導につなげる方法を具体的に紹介している点にあります。発問づくりのコツを理解していただくために，実際の学校で使われている教科書から，できるだけわかりやすいテキストを厳選しました。説明文や物語文をバランスよく選び，様々なトピックに関するテキストを扱うように配慮しました。これらのテキストもぜひ後の解説とあわせて読んでいただければと思います。

　また，本書の随所に，授業に役立つ情報やアイデアを載せました。現場の先生方が日頃から悩んでいるような内容を中心に，Q&A Boxとして具体的な対策や解決方法を解説しました。Idea Bankには，現場ですぐに使えるような発問作りに関するアイデアや情報をまとめました。さらに，本書の根底に流れている第二言語習得理論や認知心理学，教育心理学などからの知見を「英語教育コラム」として紹介しました。理論的な背景を知っておくことで，授業に対する意識を深めたり，アイデアを応用することのできる捉え方ができたりするはずです。第1章と第2章の基本的な発問には，英問例をつけました。英語を使って授業を行う場合の参考にしてください。

■　対象とする読者

　本書は，英語教育関係者，中学，高校，あるいは，大学で英語授業を行っている先生方，これから英語教育に携わろうとしている大学生を対象としています。とくに，教科書を使った授業を工夫したい，日々の授業に追われているけれども楽しんで授業をしてみたい，生徒の心に響くような魅力的な授業をしてみたい，教材をもとに生徒の考えを深めさせるような授業をしてみたい，そんな先生方にぜひともお読みいただきたいと思っています。

　本書をもとに，「自分の教えている生徒には，こんな風にアレンジした方がもっと反応がよくなる」，「私だったらこんな風に教材を扱ってみたい」，「自分だったらこんな発問を生徒に尋ねてみたい」など，自分なりの指導アプローチに応用していただきたいと考えています。本書から，豊かな英語授業を行うためのヒントが1つでも見つかれば幸いです。

　本書の出版にあたり，Gerard Allen先生（山梨大学）に本書の英文を校閲していただきました。あらためてここに感謝いたします。また，大修館書店編集部の須藤彰也氏には，本書の企画段階から出版に至るまで終始お付き合いいただき，大変お世話になりました。心から感謝いたします。

2009年5月

田中　武夫　・　田中　知聡

目 次

はじめに……………………………………………………………………iii

第1章 「発問」を中心にすれば授業が変わる……………3
1.0 学ぶ意欲を高める英語授業づくり ……………………………4
  (1) 英語授業の課題とは 4
  (2) 学習意欲を高める活用型の指導とは 6
1.1 「発問」という考え方 …………………………………………12
  (1) 教師の働きかけの大切さ 12
  (2) 発問が考える意欲を引き出す 15
1.2 発問を中心とした授業づくり …………………………………16
  (1) 発問とは何をさすのか 16
  (2) 発問の基本コンセプト 17
  (3) 授業における発問の教育的な役割 18
1.3 発問を考えるとこんなことができる …………………………20
  (1) 授業の準備が効率的になる 21
  (2) 英語授業の活性化につながる 21
  (3) 教室での学習が楽しくなる 22
  (4) さらに学ぼうとする姿勢を育てる 23
1.4 発問を中心とした授業づくりのプロセス ……………………24
  (1) 教材の解釈:教材の特徴を把握する 24
  (2) 生徒の把握:生徒の実態をつかむ 24
  (3) 目標の設定:指導目標を設定する 24
  (4) 発問の考案:具体的に発問を考える 26
英語教育コラム(1) advance organizerとschema theory …………28

第2章　英文テキストの特徴をつかもう……31

- 2.0　教師がリーディングを楽しもう……32
- 2.1　込められたメッセージをひも解く……34
  - (1) テキストが伝えるメッセージを一言で表現してみる　36
  - (2) タイトルや原典のタイトルをチェックしてみる　38
- 2.2　テキストタイプを考える……40
  - (1) 説明文では構成と主張，具体例に着目しよう　42
  - (2) 物語文では出来事と登場人物の心情に着目しよう　44
- 2.3　心が込められた表現を捉える……46
  - (1) 大げさに表現されている部分がないか注意する　48
  - (2) 筆者の心を感じる語句を探してみる　50
  - (3) 筆者の心を感じる文法表現を探してみる　52
- 2.4　文章の論理構成を捉える……56
  - (1) まず文章構成からテキストを眺めてみよう　58
  - (2) パラグラフの中の文と文の関係を見てみよう　60
  - (3) どのような構成で主題が提示されているか見てみよう　62
  - (4) 情報がどのように提示されているか見てみよう　64
- 2.5　題材や筆者のことを考えてみる……66
  - (1) 題材や筆者のことを調べてみよう　68
  - (2) 興味のもてない題材ほどプラスα情報を探してみよう　70
  - (3) テキストの題材と自分との接点を見つけてみよう　72
- 2.6　挿絵や写真などをよく見てみる……74
  - (1) 挿絵や写真が何を伝えているか考える　76
  - (2) テキストとどのように関連しているかを考える　78
  - (3) 挿絵や写真以外の情報にも目を向けてみよう　80

英語教育コラム(2)　協調の原則とテキスト解釈……82

第3章　生徒を把握し，指導目標を考えよう……85

- 3.0　どのような指導を行うかを考える前に……86
- 3.1　どのような生徒なのか把握する……88
  - (1) クラスの実態を考えてみよう　88
  - (2) 生徒たちの読みを予想してみよう　90
  - (3) 生徒の実態をつかむ方法をイメージしてみよう　91

3.2　何を学ばせたいのか目標を決める ……………………………94
(1) 指導目標を決めると指導内容が決まる　94
(2) 指導目標を決める力をつけよう　96
(3) 見通しをもって指導計画を立てよう　100
英語教育コラム(3)　リーディングのプロセスとストラテジー …………102

第4章　生徒の読みを導く発問をつくろう ……………105
4.0　リーディング指導の展開を押さえよう …………………………106
4.1　導入：教材に対する生徒の心を開く ……………………………108
(1) まず，教材に対する生徒の心を開く　110
(2) 写真などを使って教材を身近なものにする　112
(3) テキストを読めば解ける謎をかける　114
(4) 英文テキストの主題への伏線をはる　116
4.2　理解：メッセージの正確な理解を促す …………………………118
(1) 問いかけの効果的なステップを考えよう　120
(2) 生徒の力で読めるようなヒント情報を与えよう　122
(3) 内容理解を問う発問の形式を考えてみよう　126
4.3　思考：本文内容の理解を深める …………………………………130
(1) テキストの根底にある主題を捉えさせる　132
(2) ディスコースレベルで意味を捉えさせる　134
(3) テキストには直接書かれていない内容を推測させる　138
(4) 本文内容に対する自分の考えを表現させる　142
4.4　表現：本文内容をもとに表現させる ……………………………146
(1) 何のために表現させるか目的をよく考えよう　148
(2) 生徒にとって魅力的な表現活動をつくろう　150
(3) 表現させるまでのステップを組もう　154
英語教育コラム(4)　elaborative inferenceとsituation model ………160

第5章　さらに上をいく発問テクニック ……………163
5.0　主体的な関わりを生み出す発問 …………………………………164
5.1　本質性を高める ……………………………………………………166
(1) テキストの主題に関わる問いをつくる　168
(2) 具体的でシンプルな問いをつくる　170

⑶　読むための問題意識をもたせる問いをつくる　172
　5.2　間接性を高める ············174
　　　⑴　先回りしてすべてを説明しない　176
　　　⑵　間接的に気づかせる　178
　　　⑶　教えたいことを生徒から引き出す　180
　5.3　意外性をもたせる ············182
　　　⑴　生徒の先入観を揺さぶる　184
　　　⑵　表面的な理解を疑ってみる　186
　　　⑶　生徒の予想や常識と矛盾する箇所を問う　188
　5.4　多様性を引き出す ············190
　　　⑴　異なる考え方や解釈ができる箇所を問う　192
　　　⑵　異なるわかり方を共有する　194
　　　⑶　生徒がつまずきやすい箇所を問う　196
　5.5　偶然性を生かす ············198
　　　⑴　生徒から出た新情報を生かす　200
　　　⑵　生徒から出たつぶやきを拾う　202
　　　⑶　生徒のつまずきや誤りを大切にする　204
　英語教育コラム⑸　発達の最近接領域とscaffolding ············208

第6章　発問を中心に授業を組み立てる ············211

　6.0　教材研究と発問から考える指導 ············212
　6.1　説明文の指導モデルを見てみよう① ············214
　6.2　物語文の指導モデルを見てみよう① ············223
　6.3　物語文の指導モデルを見てみよう② ············231
　6.4　説明文の指導モデルを見てみよう② ············242
　英語教育コラム⑹　第二言語習得過程と内発的動機付け ············256

参考文献 ············258

英語教師のための
発問テクニック
──英語授業を活性化する
リーディング指導

「発問」を中心にすれば授業が変わる

▼

1.0　学ぶ意欲を高める英語授業づくり　4

▼

1.1　「発問」という考え方　12

▼

1.2　発問を中心とした授業づくり　16

▼

1.3　発問を考えるとこんなことができる　20

▼

1.4　発問を中心とした授業づくりのプロセス　24

1.0 学ぶ意欲を高める英語授業づくり

(1) 英語授業の課題とは

　発問を中心とした授業について考える前に，まず，英語授業における課題について考えてみましょう。英語授業を受ける生徒たちには，どのような共通した傾向があるのでしょうか。次のページのチェックリストをもとに，読者の皆さんが日々教えている生徒たちの実態を振り返ってみましょう。

■　生徒の学習意欲の低下

　現在の学校教育が直面している最も大きな課題の一つは，生徒たちの学習意欲が下がっていることです。これまでの学校教育では，生徒に知識を正確に伝達し，知識量を増やすことに力が注がれてきました。教師は教科書を進めていれば，生徒は授業を静かに聞いて，学習を進めることができていました。進級や進学などの外発的な動機で生徒は授業についてきていました。しかし，時代の変化とともに，少しずつ生徒の学習に対する姿勢も変化してきています。教材や活動に興味をもたせるのが難しい，自分で考えることや表現することが苦手であるといった生徒の傾向です。学ぶことが知的に面白い，役立ちそうだといった生徒の内発的な動機をいかに高めていくかが，今の教育の大きな課題となっています。

■　知識活用型の指導

　また，様々な分野で英語を使って活躍できる人材の育成が求められています。自分で考えたり，自分の視野を広げたりしながら，学びへの意欲を生涯持ち続けることも重要視されています。このような中で，小中高の学校における英語教育では，実際に英語を使うことができるコミュニケーション能力の育成が求められてきました。さらに，今日の学校教育の共通課題として，身につけた知識を十分に活用するために，思考力・判断力・表現力などを育てることが，これまで以上に求められています。

生徒の実態チェックリスト

生徒の実態を振り返り，当てはまる項目にチェックしてみましょう。

- ☐ 授業中に寝てしまう生徒がいる
- ☐ 予習などの課題を出してもできない
- ☐ 英語で表現させようとしても表現しようとしない
- ☐ 教材の話題に対して興味をもたない
- ☐ 教師の問いかけに対して反応がない
- ☐ テストの点数のみが気になる
- ☐ ペアワークやグループ活動をさせても他の生徒と話ができない
- ☐ 授業中に間違うことを嫌う
- ☐ 教科書本文を読ませても意欲が続かない
- ☐ 自分で考えることを面倒がる
- ☐ すぐに答えを教師に聞きたがる

1.0 学ぶ意欲を高める英語授業づくり

英語授業においても，生徒に一方的に知識を伝えるだけでよかった時代から，学習に対する生徒の意欲を高めながら，知識の活用力を身につけさせる指導が求められる時代になったと言えます。

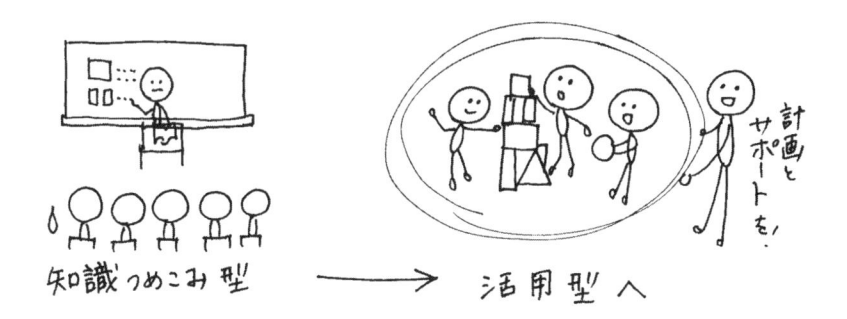

知識つめこみ型 → 活用型へ

計画とサポートを！

小中高の先生方との研修会等に著者が参加する中でも，多くの悩みが話題になります。それらを一言でまとめてみると次のようになります。

> 英語授業においてどのような指導をすれば，生徒は教材に興味をもち，正しく理解し，深く思考し，自らの考えを豊かに表現しようとするのか？

　この問いは，英語教育における学びの本質を捉えたものです。英語授業をつくる上でもっとも教師が解決したい願いを示しています。すなわち，生徒の学習意欲を高めながら，知識を身につけさせるだけでなく知識を活用させるために，英語を使って正確に理解したり，深く思考したり，豊かに表現したりすることができる生徒を育てたいというのが教師の願いです。では，どのようにすれば，この問いに対する解決策が見つかるのでしょうか。

(2) 学習意欲を高める活用型の指導とは

　生徒の学習意欲を高めながら，知識の活用力を身につけさせる指導とはどのようなものなのでしょうか。そこで，(1) 教材に興味・関心をもたせる，(2) 教材を正しく理解させる，(3) 教材をもとに深く思考させる，(4) 教材をもとに豊かに表現させる，の4つの段階に分け，それぞれの指導をどのようなイメージで捉えればよいのかを考えてみましょう。

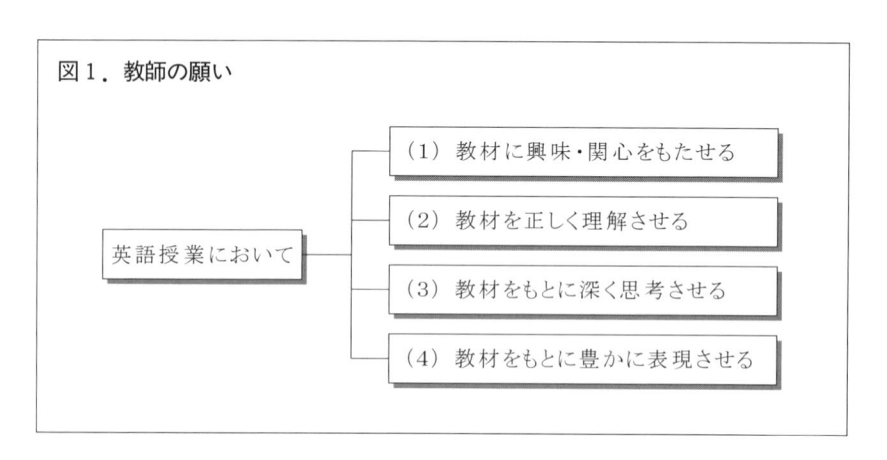

図1．教師の願い

英語授業において
- (1) 教材に興味・関心をもたせる
- (2) 教材を正しく理解させる
- (3) 教材をもとに深く思考させる
- (4) 教材をもとに豊かに表現させる

■ 教材に興味・関心をもたせるとは

まず，次の教材を読んでみてください。

> *Example 1*
>
> 　A smile is universal. All over the world, people understand a smile. Charles Darwin wrote about this fact. You can recognize a smile from 45 meters away. But you cannot recognize surprise, anger, or fear. A smile is simple. You only use one muscle when you smile. When you are sad or angry, you use at least two muscles....
>
> 　　　　　　　　　　　　　　　(*Big Dipper English Course I*)

教材に興味・関心をもたせるとはどのようなことなのでしょうか。Example 1を例にとって考えてみましょう。次のExample 2のような教師の指示だと，生徒は教材に興味をもつと言えるでしょうか。

> *Example 2*
>
> 　それでは8ページを開いて，一行目の"A smile is universal."を日本語に訳すとどのような意味になりますか。

このような指導は工夫がないため，生徒が教材に対する興味をもつことは少ないと予想できます。では，次のような指示ではどうでしょうか。

> *Example 3*
>
> (1) 次の絵文字がさす英語を選びましょう。
>   (Choose the meaning of the following facial expressions.)
>   ① (^o^)　② (T-T)　③ (`∧´)　④ m(x_x)m
>   ア) I'm angry.　イ) I'm sorry.　ウ) I'm sad.　エ) I'm happy.
> (2) この中であなたがもっともよく使う絵文字はどれですか。
>   (Which facial expression do you use most often?)

導入段階でこのような活動をしたとすれば，教師が今から何を始めるのか気になるはずです。しかも携帯メールなどで生徒に身近な絵文字が並んでいます。一見意味のない活動が授業とどのような関係があるのか生徒は不思議

に思うに違いありません。しかし,「何だろう?」「なんだか面白そう」と生徒の心が動くことで,教材に向き合うきっかけができるはずです。また,教材の主題にあたるキーワードが扱われていることから,授業が進むにつれて,この活動の意義と授業の関係に気づくはずです。このように,ちょっとした指導の工夫で,導入段階において,生徒を教材に引き込むことが可能です。導入段階で,教材に対する興味が高まっていれば,その後の授業はスムーズに進むことになります。

■ 教材を正しく理解させるとは

リーディング指導における正しい理解を促すとはどのようなものでしょうか。同じくExample 1を例にとって考えてみましょう。たとえば,次のExample 4のような教師の指示は,生徒の理解を十分に促すものと言えるでしょうか。

Example 4
"You can recognize a smile from 45 meters away." を日本語に訳すとどのような意味になるでしょうか。

このように訳を求めることは授業ではよくあります。しかし,このような和訳の作業だけで授業が進んでいくとすれば,その指導が本当に生徒の正しい理解を促すものと言えるでしょうか。では,次のExample 5を見てみましょう。

Example 5
○か×か,本文から判断しましょう。「体育館の一番後ろからステージ上の校長先生がニコっとしているのが認識できる」
(Is this statement true or false? "We can recognize a smile on the face of our principal on the stage from the back of the gym.")

この問いは,"You can recognize a smile from 45 meters away." はどういう意味になるかを直接尋ねるものではなく,生徒にその意味の具体的なイメージをもたせる問いです。その文の意味を間接的に尋ねることになりま

す。生徒はこの問いに○か×かで答えるための手がかりをつかもうと,テキストをしっかりと正確に読もうとします。そして,体育館での集会の様子を思い浮かべたり,45メートルがどれくらいかを推測したりした上で○か×かを答えます。

　45メートルという距離を生徒がイメージするだけでも,理解が深くなるに違いありません。教師が「体育館で実際に測ってみたところ38メートルだったので答えは○になります」というと,生徒たちは一斉に「へぇー」「そうか!」と納得し,生徒の心を捉えることができます。"smile"以外の表情,すなわち,"surprise","anger","fear"などとの違いを具体的なイメージをもって読ませることになり,先が読みたくなるはずです。このように,教材が自分にとって身近なものであると認識し,自分とどのような関わりがあるのかを考えながら読むことは,教材を深く正確に読み取るためには欠かせないものであると言えます。

■ 教材をもとに深く思考させるとは

思考を促す指導とはどのようなものなのでしょうか。次を見てみましょう。

> *Example 6*
> "Charles Darwin wrote about this fact." の "this fact" とは何でしょうか。

指示代名詞が何を指すかを尋ねるのは、リーディング指導でよく見られる問いです。もちろん、このような問いは読みを進める上で重要な問いです。しかし、さらに次のような視点で発問をしたとすればどうでしょうか。

> *Example 7*
> (1) 筆者はなぜここでCharles Darwinの名前を出してきたのでしょうか？
>   (Why did the writer use the name of Charles Darwin here?)
> (2) Charles Darwinって誰ですか。
>   (Who is Charles Darwin?)

これは、"this fact" とは何を指すかだけではなく、その文が文脈の中でどのような意味を含んでいるのかを考えさせる問いです。前後の文脈を捉えると同時に、進化論を唱えたダーウィンを文章中に登場させることで、スマイルが世界共通である事実を強調する働きがあることを考えさせることになります。つまり、テキスト上に書かれた事実を確認するだけではなく、テキストの筆者は、メッセージを読者に伝えるために、どのような表現を文章の中で意図的に使っているのかに気づかせることになります。このような問いは、リーディングの指導における思考力の育成につながっていくはずです。

■ 教材をもとに豊かに表現させるとは

リーディング指導において、生徒の豊かな表現力を促すとはどのようなことなのでしょうか。次の例をもとに考えてみましょう。

> **Example 8**
> 本文で扱われていた重要構文を暗記してノートに書いてみましょう。

　本文の重要構文を書き写すという作業も大切です。しかし，それで授業が終わっていては，表現力の育成につながると言えるでしょうか。次のようなことを教師が働きかけるとすればどうでしょうか。

> **Example 9**
> 　A smile is universal.... A smile is simple.... という文章構成を参考にして，次の製品のよさを伝える広告の文を作って，社長であるALTに企画を提案してみましょう。
> あ）This building　い）This robot　う）This computer　え）Other
>
> ＊ This robot is called "the mold remover".
> 　It can find mold with sensors and removes mold with a brush.
> ＊ This robot is cute.
> 　Not only children but also old people will like it.

　Example 9の活動は，テキストの構成を参考に，ある製品の広告を英文で作らせるものです。教材をもとに豊かに表現させるとは，生徒の考えや意見を表現したいと思えるような表現活動を設定することです。表現活動を一つの最終目標としてあらかじめ設定することによって，表現に至るまでの内容理解の段階でも，テキスト内容への集中を高め，深い理解や思考を促すことができます。また，それが内容のある豊かな表現へとつながっていきます。

1.1 「発問」という考え方

(1) 教師の働きかけの大切さ

　私たち教師は，日々の授業の中で，どのように生徒の学習意欲を引き出し，身につけた知識をもとに活用させればよいのでしょうか。この問題を解決するためのヒントは，教師が生徒に投げかける発問にあります。

　発問を中心とした英語授業を考える出発点として，教師の働きかけの大切さを示す例を次に紹介します。次の例は，図2の写真を使った，ある英語授業の導入における教師と生徒のやりとりです。まったく同じ写真を使って，異なる2つのバージョンの導入を以下に示します。この2つの導入に対して，読者の皆さんはどのように感じるでしょうか。

図2

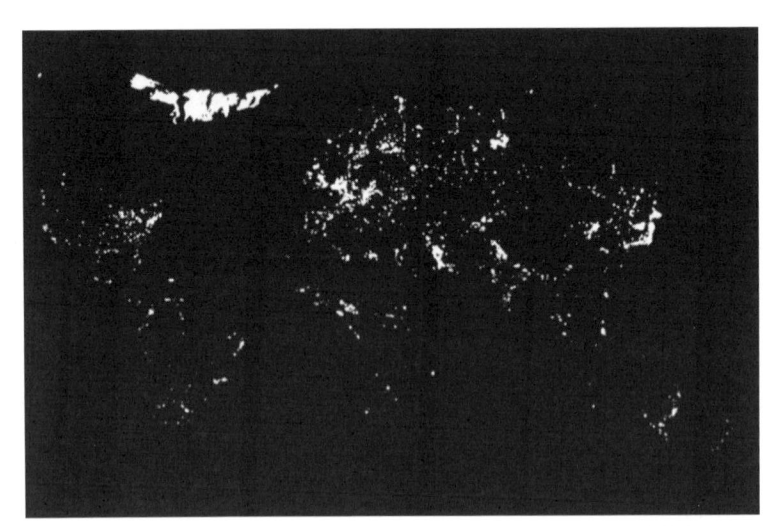

(エネルギー教育全国協議会，2002)

Example 10

（●教師の発言，○生徒の発言）

●Look at this picture.〈図2の拡大写真を見せながら〉
●What is this? Can you guess? If you understand, raise your hand.

○〈ニコニコしながら，3，4人の手が挙がる〉
●What is this picture?
○ごみ？
○地図〈この発言をした生徒に注目が集まる〉
○すごい！
○なんで？
●Why do you think so?
○なんとなく地図のように見えるから
●You are right! This is a picture of the world. Then, what is something white in the picture?
○光，オーロラ
○都市の明かり
○明かりだけでなく，焼畑かな
●Something white in the picture is the light of cities.

●Is it possible for us to take a picture like this? Yes or No?

○No!
●Why do you think so?
○世界のすべてが夜のはずはないから
●Then, how can we get this picture?
○衛星写真を合成したもの

●Why was this picture made?

○南北問題（発展途上国と先進国の貧富の差）を示しているのでは
○電気がどれくらい使われているかを示すためでは
○省エネを促すために作られたのでは
●What do you feel about this picture?
○日本が電気を使いすぎている。

> ●If you put the title of this picture, what is it?
> ○世界の夜景
> ○眠らない地球〈クラスにオォーという感心した声〉
> ●The title of the picture is "Earth at Night." Today we are going to read the text about environmental problems.

> *Example 11*
> ●Look at this picture.〈図 2 の拡大写真を見せながら〉The title of the picture is "Earth at Night." This is a composite picture made by NASA, which was taken from a satellite at night. Can you notice something here? Here is Japan, something the whitest in this picture. So we can find how much we are wasting energy every night. Now let's read the text about environmental problems.

　Example 10 と Example 11 における教師の働きかけの違いはどこにあるのでしょうか。大きな違いは，教師の発問の有無です。筆者の授業でこの異なる 2 つの導入を大学生に対して，実際に行ってみました。そして，どのように学生が感じたかを尋ねてみたところ，次のようなものがありました。

○Example 10 の導入に対する感想

> ・決まった答えがなく，生徒に自由に考えさせている
> ・自分で考えているから面白い
> ・教師が生徒を授業に集中させる工夫や意図を感じる
> ・これから本文を読むきっかけができる
> ・資料と授業がつながっている感じがする

○Example 11 の導入に対する感想

> ・一方的な説明で，面白くない
> ・だから何？と思ってしまう
> ・授業を受身的にとらえてしまう
> ・教師が答えを教え込んでいる
> ・単なる資料という感じで授業が淡々と進みそう

(2) 発問が考える意欲を引き出す

　このことから何がわかるのでしょうか。Example 10 の導入では，発問によって生徒の意欲を引き出し，写真の意味を生徒が主体的に考えています。Example 11 の導入でもオーラルイントロダクションを意識し，教師が教材について英語で説明しようと丁寧にこの教材を扱おうとしています。生徒の意欲をさらにうまく引き出すためには，教師の一方的な説明から教師と生徒のインタラクションの形にするという方法が考えられます。同じ教材を使っているにもかかわらず，教材の提示の方法，説明の仕方，問いかけ方など，教師の発問次第で，生徒の教材や学習への感じ方，捉え方がまったく異なってきます。

　このように，私たち教師にとって，もっとも身近で日々の授業に欠かせない教師の発言に，「発問」という考え方を取り入れることによって，生徒の学習意欲を引き出すという大きな効果が期待できるのです。

1.2 発問を中心とした授業づくり

(1) 発問とは何をさすのか

　近年，教師の問いかけに着目し，「発問」という用語が教育の分野で用いられるようになってきました。ここで，本書における発問とは何を指すのか定義しておきましょう。英語教育においては，教科書を使用する一斉授業が基本であることを踏まえると，次のように考えるとわかりやすくなります。

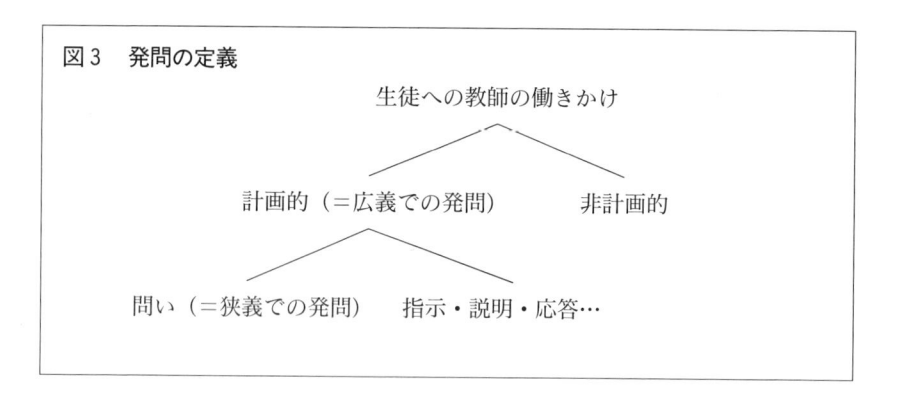

```
図3　発問の定義

                    生徒への教師の働きかけ
                   /                    \
          計画的（＝広義での発問）         非計画的
         /                    \
  問い（＝狭義での発問）    指示・説明・応答…
```

　生徒への教師の働きかけを，計画的か否かという点で分けてみます。非計画的な働きかけは，授業目標を明確に意識せずに，思いつきで行っているため発問とは呼べません。逆に，目標を明確にした働きかけは，広い意味で発問と呼ぶことができます。したがって，発問とは，「生徒が主体的に教材に向き合うように，授業目標の達成に向けて計画的に行う教師の働きかけ」であると考えます。計画的な発問のなかには，問いの形をとるものと，指示や説明など問いの形をとらないものに分けることができます。前者は狭い意味での発問として位置づけ，広い意味では，後者のような教師の一連の行動を含むものを発問と呼ぶことにします。

(2) 発問の基本コンセプト

「発問」の特徴は，教材に興味をもたせたり，教材を理解したり，教材をもとに考えたり，表現したりする学びの必然性をつくることです。つまり，発問とは，英文をもとに自分で理解したい，考えてみたい，表現してみたいと生徒が自然と思えるよう，教師が目標に向けてボールを投げるようなもので，生徒を主体的に動かす働きがあります。

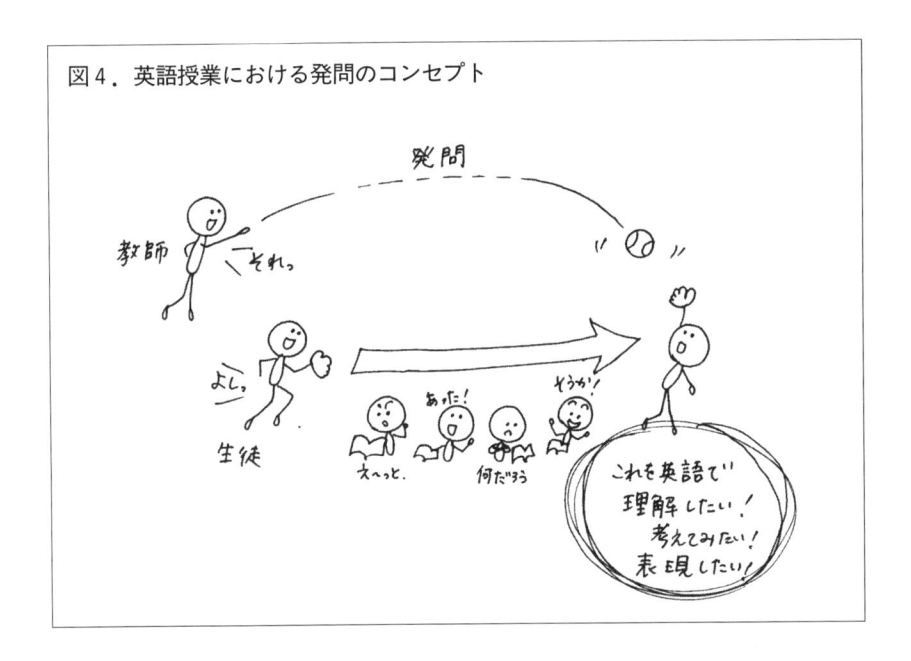

図4．英語授業における発問のコンセプト

発問によって，教材への興味を引き出し，正しい理解や深い思考，そして豊かな表現を導き，知識活用のサポートをするのです。いったいどのような教材なのか，いったい筆者は読者に何を伝えようとしているのか，そして，そこから自分たちは何を考え，何が表現できるのか，という目標に向けて，生徒が主体的に英語を使う活動を作り出すのが，本書での発問のコンセプトです。

(3) 授業における発問の教育的な役割
　発問には授業に生徒を主体的に関与させる働きがあり，次のような教育的な効果が期待できます。

① 教材との主体的な関わりをもたせる
　教師の発問によって，「いったい何？」「どういうこと？」と生徒は教材に引き込まれます。教師が一方的に教え込むのではなく，教材の本質を生徒に気づかせるように工夫すれば，自ずと教材に集中し主体的に英文を読もうとするようになります。

② 授業内で協同的な学びを作り出す
　1つの発問が，クラスの中のコミュニケーションを作り出します。例えば，"What is something white in the picture?" という問いに対し，様々な意見が出る中で，焼畑ではないかという意見に，クラスの生徒が感心します。他の生徒がどのように考えたかを共有することで，クラス全員の理解が深まり何度も教材に向き合うことになります。

③ 教師と生徒とのコミュニケーションを作り出す
　英語による発問をきっかけに，生徒が英語で答えることがあります。それをうまく拾って生徒と英語でコミュニケーションすることができます。普段発言の少ない生徒が思いもよらず授業に貢献することがあるかもしれません。教師は，その生徒の発言を通して生徒をほめることができます。

④ 教材が扱う多様なトピックについて生徒に考えさせる
　生徒の生活や経験は狭く，日頃考える内容も限られているものです。しかし，英文を通して，普段は考えることのないような環境問題や平和問題などを考えさせるきっかけを作り出します。

⑤ 自分自身の考え・意見・感情に気づかせる
　問いに対する答えを探すなかで，生徒は，「自分はどのように感じ，どう考えるのか？」と自分自身のことを考えることになります。例えば，夜の地球の写真を見せここから何を感じるかと問えば資源を大量消費している日本

図5．発問が作り出す5つの関わり

① 教材との関わり

② 生徒同士の関わり

③ 教師と生徒の関わり

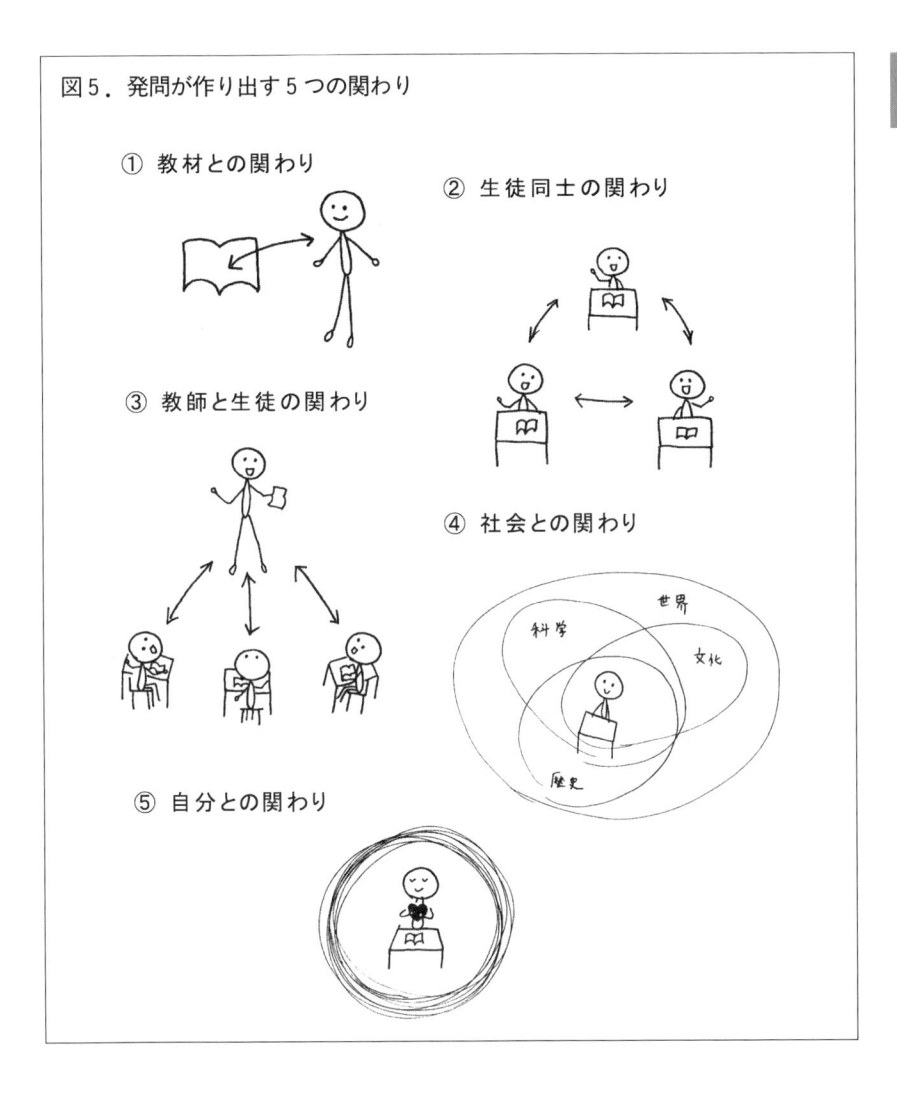

④ 社会との関わり

⑤ 自分との関わり

に住む，自分の問題として環境問題を考え始めることになります。
　このように教師の発問は，生徒をとりまくものとの関わりを生み出すものとなり，豊かな授業づくりをする上で，大きな教育的な役割をもっていることがわかります。

1.3 発問を考えるとこんなことができる

　発問を中心に授業を考えることにより，私たち教師は，その授業でいったい何を大切にして指導するのかという授業の指針を考えることになります。では，発問を中軸にして英語授業を考えてみることで，私たち教師にとって，どのような利点があるのでしょうか？それを次に見てみることにしましょう。

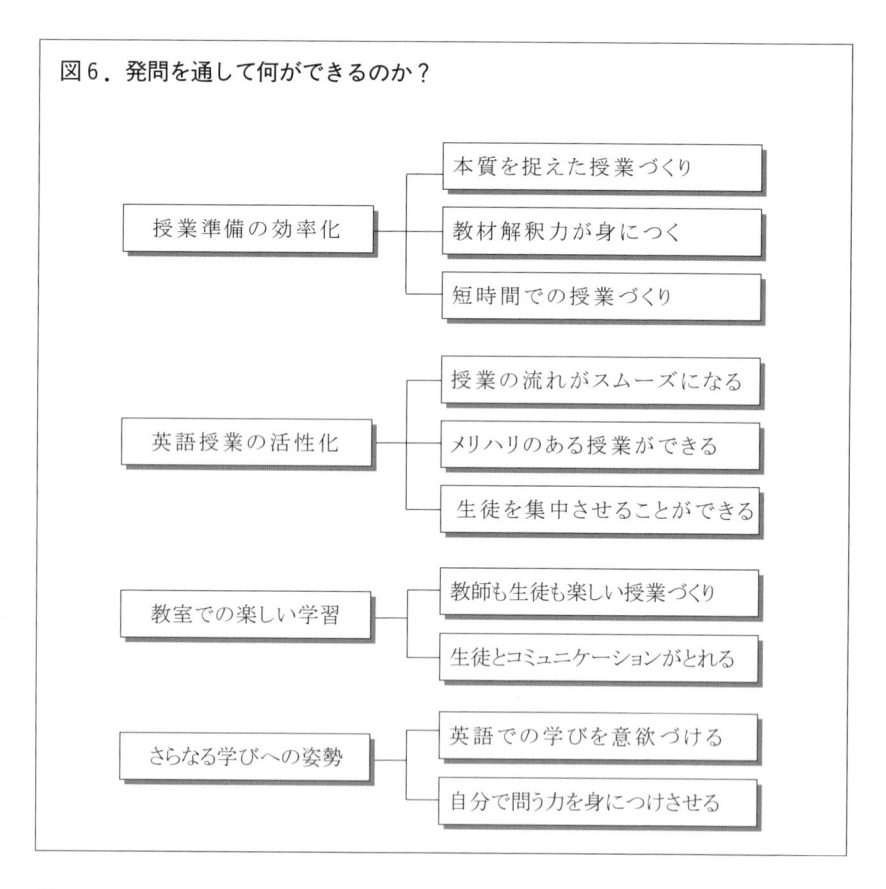

```
図6．発問を通して何ができるのか？

                          ┌─ 本質を捉えた授業づくり
        授業準備の効率化 ──┼─ 教材解釈力が身につく
                          └─ 短時間での授業づくり

                          ┌─ 授業の流れがスムーズになる
        英語授業の活性化 ──┼─ メリハリのある授業ができる
                          └─ 生徒を集中させることができる

                          ┌─ 教師も生徒も楽しい授業づくり
        教室での楽しい学習─┤
                          └─ 生徒とコミュニケーションがとれる

                          ┌─ 英語での学びを意欲づける
        さらなる学びへの姿勢┤
                          └─ 自分で問う力を身につけさせる
```

(1) 授業の準備が効率的になる

■ 本質を捉えた授業づくり

教師が生徒に投げかける主要な発問を考えてみることで，「いったい自分はこの授業で生徒に何を学ばせたいのか？」「教材や活動を通していったい生徒に何を伝えたいのか？」「これだけは押さえたいというものは何か？」など授業の核に当たる本質を探し出すことになります。

■ 教材解釈力が身につく

教師が発問をつくりだすためには，授業の指針や目標を探すと同時に，目の前の教材や主題を深く解釈しなければなりません。「この教材の面白いところはいったいどこか？」「この教材はいったい何を伝えようとしているのか？」と教師が真剣に発問を考えることで，目の前にある教材そのもののもつ良さを理解し，主題と深く向き合うことになります。

■ 短時間でも授業づくりができる

授業目標を押さえ，授業のヤマ場となる発問を考えてみるだけでも，授業の展開が具体的にイメージできます。教材を多角的に捉え，生徒を具体的にイメージしながら，授業で教えたい本質をつかむことができれば，生徒に投げかける言葉がけや発問は自ずと生まれてきます。コツさえつかめば，短時間であっても英語授業をつくれるようになります。

(2) 英語授業の活性化につながる

■ 英語授業の流れがスムーズになる

授業の核となる主要な発問が決まれば，その授業展開はスムーズになります。発問を中心に考えることで，教師は，自然と授業の目標を意識し，目標達成のために，順序を考えながら活動を行い，発問を投げかけることができるようになるからです。例えば，「このようにこのことに生徒に気づかせるためには，このような資料をこのタイミングで使って，このように問おう」と，教師の働きかけの適切な順序をつかむことができます。

■　メリハリのある授業が臨機応変にできる

　メリハリのある授業とは，生徒の学びにとって重要なところには時間を割き，さっと流すところは時間を短めにするような授業のことです。発問は授業の要です。その授業での要である重要な発問さえ授業中に押さえていれば，残りの小さな発問は飛ばしたり，残った問いは課題にしたりする臨機応変な指導が容易にできるようになります。たとえ予期せぬ展開などで授業が脱線したとしても，発問が誘導灯として授業展開が見えるようになっているため，授業の流れに戻すことができます。

■　生徒を集中させることができる

　その教材の本質に迫るような知的好奇心を刺激する発問や，生徒によって答えや考え方が異なるような発問を生徒に尋ねた場合，生徒の目は必ず輝きます。つまり，その教材や活動へ生徒の意識を集中させることができます。教材や活動の本質に迫った問いであればあるほど，その授業の目標や活動の目的を明確にでき，よい緊張感と集中を生み出すことができます。

(3)　教室での学習が楽しくなる

■　教師も生徒も授業が楽しくなる

　教材解釈や目標設定を通して，教師が真剣に考え抜いた発問を思いつくと，「この生徒にこんな風に答えてほしいな」とか，「この生徒だったらどのような答えを返してくれるかな？」，「意外な生徒が，この問いに対して真剣に答えてくれた！」など，問いに対する生徒の反応が楽しみになります。もちろん，ときには答えが返ってこないときだってあります。生徒の方も今日はどんなことを聞かれるのか楽しみになります。

■　生徒とコミュニケーションがとれる

　授業中での教師と生徒のやりとりは，単なる決まりきったやりとりではありません。その授業での教師の発問に対して，その時，そのメンバーでしか，出てこない答えがあります。ときには，生徒からわからないというメッセージが返ってくるかもしれません。すばらしい考え方が出てくるかもしれません。まったく予想ができなかった答えが出てくるかもしれません。そのような生徒とのやりとりを通してお互いの学びを深め合うことができるはず

です。

(4) さらに学ぼうとする姿勢を育てる

■ 英語を使った学びへの意欲を高める

　英語を使った学びとは，英語を使って理解し，思考し，表現することであり，発問にはそれぞれの段階において，生徒を動機付け，目標へ導く重要な特徴があります。英語で理解したい，英語で考えてみたい，英語で表現してみたいと，生徒の学習意欲を高める役割を果たします。

■ 自分で問う力を生徒に身につけさせる

　本当の意味での学びとは，生徒の心の中から湧き出てきた好奇心をもとに，自分自身で「問い」を立て，あらゆる物事に対して興味・関心をもち，英語を使って理解してみたい表現してみたいと思い，学びを推し進め発展させていく力をつけることです。授業のなかで生徒に繰り返し問いかけることにより，自分で「問い」を立て，生涯にわたり自らの力で学んでいくことのできる力を，最終的には育成できるものと考えています。

1.4 発問を中心とした授業づくりのプロセス

　発問を中心とした授業をつくるためには，教師が押さえておくべきプロセスがあります。そのプロセスとは，(1) 教材の解釈，(2) 生徒の把握，(3) 目標の設定，(4) 発問の考案，の4つに分けられます。そこで，次の章からは，それぞれのプロセスを詳しく見ていくことにします。

(1)　教材の解釈：教材の特徴を把握する
　第1の段階である教材の解釈では，どのような特徴をもった教材を扱おうとしているのかを教師がまずしっかりと理解していきます。例えば，どのような題材を扱っているのか，どのようなテキストのタイプなのか，どんなメッセージを伝えているのか，などです。これらを考えてみることが，授業づくりの出発点になります。この教材解釈については，第2章で詳しく見ていくことにします。

(2)　生徒の把握：生徒の実態をつかむ
　次の段階では，今から教えようとする生徒たちの実態を考えます。例えば，生徒がその教材を与えられたとき，どのような反応を示すのか，どのような知識や力をすでにもっているのか，などを予想します。このようなことを前もって考えておくことで，生徒のイメージが具体的になり，どのような発問が生徒の心に響くのかを考えやすくなります。この生徒の把握については，第3章で詳しく見ていくことにします。

(3)　目標の設定：指導目標を設定する
　次に，教材解釈や生徒の実態をもとに，この授業で生徒に「これを学ばせたい」というような，具体的な授業目標を立てることになります。例えば，教師として，どういう知識や力を身につけてほしいのかを考えることによって，その目標達成に生徒を方向づける働きかけを具体的に決めることになります。この目標の設定についても，第3章で詳しく見ることにします。

図7．発問を中心とした授業づくりのプロセス

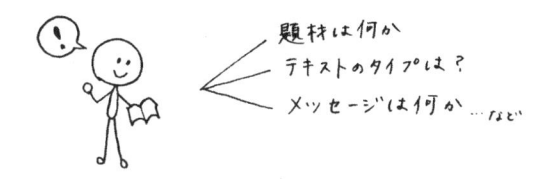

① 教材の特徴を把握する
- 題材は何か
- テキストのタイプは？
- メッセージは何か …など

② 生徒の実態をつかむ

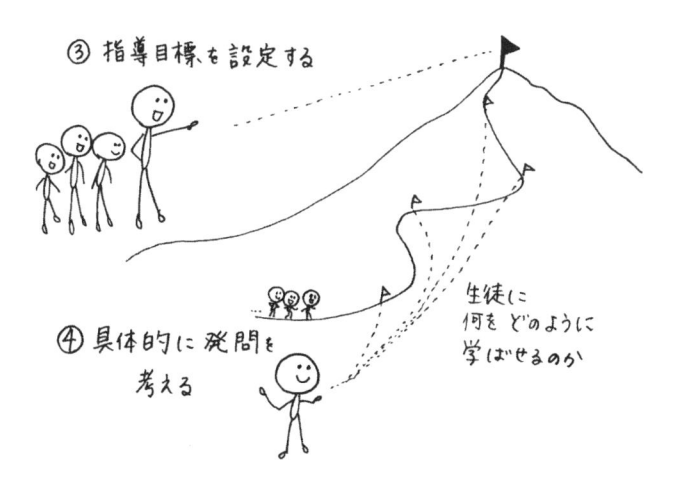

③ 指導目標を設定する

④ 具体的に発問を考える

生徒に何をどのように学ばせるのか

(4) 発問の考案：具体的に発問を考える

そして，最終的に，実際の授業の中で，教師がどのような問いを，どのような順序で生徒に問いかければ効果的にリーディング指導を進めることができるのかを具体的に考えることになります。この発問の考案については，第4章で詳しく見ることにします。

このような授業づくりのプロセスをもとに，次の章からは図8に示したような発問づくりの4つのプロセスについて見ていくことにします。

Q & A BOX

Q. 発問を使った授業をしたことがありません。大丈夫でしょうか？

A. まずは，発問を授業に取り入れることから始めてみましょう。成功しても失敗してもまずはやってみることが大切です。一番簡単なことは，普段の授業での問いで，問いを生徒に投げかけた後「どう思う？」と言って，少し間を取る。そして，クラス全体を見渡す。指名はしなくても構いません。その間の取り方に教師自身が慣れることです。成功した場合は，どのようにすれば良いのか実感でき，自身の力になっていきます。また，うまくいかない場合は，次にどうすればよいのか，何を工夫することができるのか，きっかけをつかむことができます。それができるようになってきたら，何か言いたそうなそぶりを見せている生徒に，「どう思う？」と振ってみましょう。もしその生徒が答えられたら，しっかりと教師は反応し，授業の流れに戻ります。たとえ答えてくれなくても，次第に発言できる雰囲気ができればよしと考えましょう。このように，授業で「発問する」→「間を取る」ということに慣れてくれば，「この先生は，何か尋ねてくるな」と，生徒は教師の話にしっかりと集中するようになり，生徒も考えるコツのようなものがつかめてきます。そして，教師の方も，話し方のコツのようなものがつかめてくるはずです。

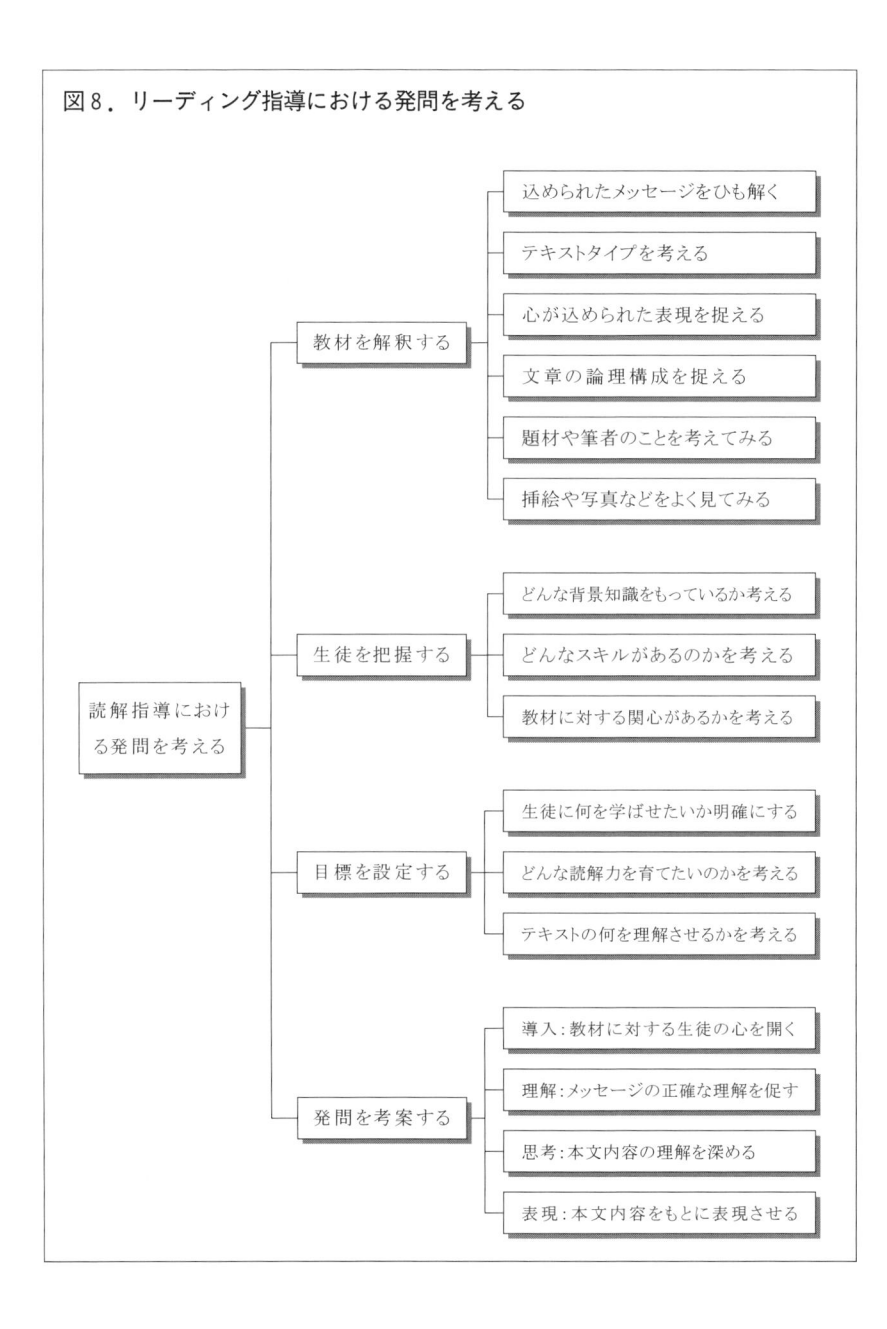

図8．リーディング指導における発問を考える

- 読解指導における発問を考える
  - 教材を解釈する
    - 込められたメッセージをひも解く
    - テキストタイプを考える
    - 心が込められた表現を捉える
    - 文章の論理構成を捉える
    - 題材や筆者のことを考えてみる
    - 挿絵や写真などをよく見てみる
  - 生徒を把握する
    - どんな背景知識をもっているか考える
    - どんなスキルがあるのかを考える
    - 教材に対する関心があるかを考える
  - 目標を設定する
    - 生徒に何を学ばせたいか明確にする
    - どんな読解力を育てたいのかを考える
    - テキストの何を理解させるかを考える
  - 発問を考案する
    - 導入：教材に対する生徒の心を開く
    - 理解：メッセージの正確な理解を促す
    - 思考：本文内容の理解を深める
    - 表現：本文内容をもとに表現させる

1.4 発問を中心とした授業づくりのプロセス

●英語教育コラム(1)
advance organizerとschema theory

advance organizerとは

　教育心理学の分野における学習法のアプローチの1つとして，有意味受容学習（meaningful reception learning）と呼ばれるものがある（Ausubel, 1963）。学習活動は，意味を理解しないままにそのまま記憶する機械的なものではなく，学習者があらかじめもっている背景知識であるスキーマ（schema）を照合させ新しい知識を吸収する極めて能動的な活動であるという学習の捉え方である。学習者のスキーマに関連をもたせた形で新たな情報を提示することで，学習者にとって意味のあるものになり学習されやすくなり，内容を理解しやすくなると考えられる。

　この有意味受容学習を効果的にするものとして，先行オーガナイザー（advance organizer）がある。先行オーガナイザーとは，学習に先立って提示される情報を指し，学習者が新しい情報を既習知識と関連づけて解釈するために教授者側が提示する情報のことを指す。例えば，次のような文章を使って考えてみよう。

　　彼は窓口に千円札を3枚放り投げた。彼女は彼に1500円を渡そうとした。しかし彼は受け取らなかった。そこで2人が中に入ったとき，彼女は，大きなポップコーンの袋を彼に買ってあげた。

　この文章を理解するには，この文章に関連して，学習者がどのようなスキーマを活性化させるかが重要である。学習者のもつスキーマが活性化されないまま，文章上に書かれた情報を読む場合，この文章の意味を理解することは容易ではない。しかし，「映画館」という場面が読み手に提示された場合，この文章の理解度は大きく異なる。つまり，映画館というスキーマが活性されることで，この文章からイメージする場面やこの2人の関係などがより具体的に理解できる。したがって，この文章を読む前に，教師が学習者に提示した場面設定などの情報は，読解活動における先行オーガナイザーとして捉えることができ

る。本書で扱うリーディング指導における教師の発問も，生徒にテキストを読ませる前に教師が内容に関する問いを投げかけることから，先行オーガナイザーの1つとして捉えることができる。

schema theoryとは

これまでリーディング指導において，学習者のもつスキーマを読解前に活性化させることが重要であることはさまざまな研究者によって指摘されてきた（e.g., Carrell & Eisterhold, 1983）。それはスキーマ理論（schema theory）と呼ばれ，読解を，読み手のスキーマとテキストから得られる情報の相互作用であると捉え，テキストを読む前の事前活動としてのスキーマ活性化が読解を促進すると考えられた。

しかし，スキーマ理論をリーディング指導に応用する際には，注意すべきことがある。これから読む内容を先に生徒に伝えると，読む動機や意外性などを生徒からはぎ取ってしまう可能性がある。例えば，先の映画館の例文の場合，教師が生徒に「これから読む文は，映画館でのやりとりです」と言ってスキーマを生徒に与えるよりも，「次の2人はどんな関係でしょう？いったいどこでのやりとりでしょう？」と尋ねた方が，読む意味も，読む楽しさも大きくなるはずである。先行オーガナイザーのちょっとした提示方法によって，生徒の読解は大きく左右される。

教師が生徒に投げかける問いによって，どのように生徒がテキストに向き合うか，生徒が何を読み取るかなど，生徒の読み取り方が大きく変わってくる。リーディング指導において教師が先行オーガナイザーとしての発問をする際，どのように生徒の読みを導くべきか，どのような発問が生徒の好奇心を引き出し，読みを深めるかを教師側が計画的に準備しておく必要がある。ここに，本書で解説する発問を考える意義がある。

◆参考文献

Ausubel, D. P. (1963). *The Psychology of Meaningful Verbal Learning*. Orlando, FL：Grune & Stratton.

Carrell, P. L. & J. C. Eisterhold. (1983). Schema theory and ESL reading pedagogy. *TESOL Quarterly*, 17 (4), 553-573.

森敏昭・中條和光（編）(2005)『認知心理学キーワード』東京：有斐閣

英文テキストの特徴をつかもう

2

- 2.0 教師がリーディングを楽しもう 32
- 2.1 込められたメッセージをひも解く 34
- 2.2 テキストタイプを考える 40
- 2.3 心が込められた表現を捉える 46
- 2.4 文章の論理構成を捉える 56
- 2.5 題材や筆者のことを考えてみる 66
- 2.6 挿絵や写真などをよく見てみる 74

2.0　教師がリーディングを楽しもう

■　授業をどのように準備していますか

　私たち英語教師にとって，もっとも身近なもの。それは，教科書です。しかし，私たち教師は，どのように教科書を使って授業を組み立てればよいか意外と知りません。おそらく英文テキストを目の前にして，新出単語や熟語を見ると，線を引きたくなるのではないでしょうか。重要な文法表現が出てくると，参考書を取り出し解説方法を調べたくなり，指導すべきことが次々浮かんできます。もちろん，その作業も必要です。しかし，最初から細部にこだわった読み方をすると，英文そのものの良さが色あせてしまい，教師がその英文の面白さを楽しむことは脇へ追いやられてしまいます。

　では，どのような視点でテキストを捉えていけばよいのでしょうか。まずは，授業を意識せずに，とりあえずメッセージを読み取ることに専念してみましょう。英文本来の良さや筆者が伝えようとするメッセージに気づいた後であれば，語彙や文法の意味をより深く理解でき，心に届く「生きたことば」として大切に扱えるようになります。

■　テキストをいろんな角度から捉えてみよう

　教科書の英文テキストを使った指導には，さまざまな切り込み方が考えられます。さまざまな角度から，教師が英文テキストを眺めることができると，そのテキストの本質をつかみやすくなります。図１に示したように，単語や熟語，文法などの視点のみでテキストを一面的に眺めていたのでは，テキストの本質を捉えることは難しく，豊かな指導を行うことはできないでしょう。しかし，「このテキストの面白いところはいったいどこにあるのだろう？」といった姿勢で，様々な角度からテキストを楽しんで読んでみることで，テキストの本質的な部分を捉えやすくなると同時に，違った角度から楽しく豊かな指導をつくるヒントが教師の頭に浮かんでくるはずです。

図1．英文テキストの捉え方

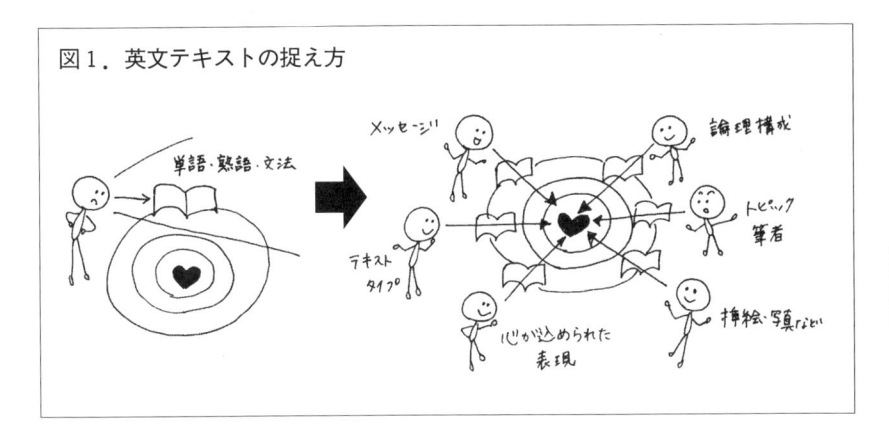

この章では，テキストの特徴を多角的に捉えるための6つの視点を紹介します。次の図2は，その視点を簡略化したものです。

図2．テキストを捉える6つの視点

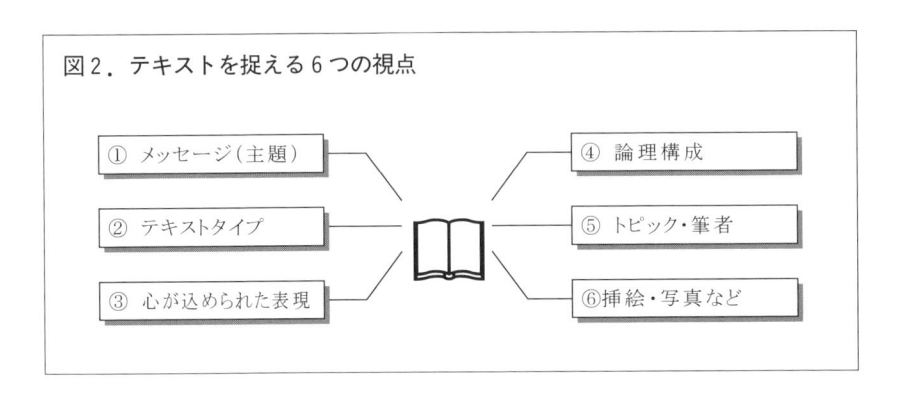

① メッセージ（主題）
② テキストタイプ
③ 心が込められた表現
④ 論理構成
⑤ トピック・筆者
⑥ 挿絵・写真など

　テキストを準備する際には，このようないくつかの切り込み方があります。テキストの特徴を最大限に生かした授業展開のヒントを得ることができるはずです。英文を多角的に捉えて，リーディングを楽しみながら，テキストの本質をつかむ方法を一緒に見ていきましょう。

2.1 込められたメッセージをひも解く

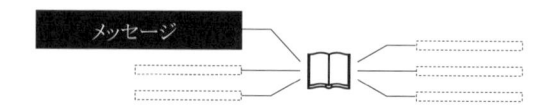

■ テキストの中には必ずメッセージが存在する

リーディングとは，テキストを通して筆者が伝えるメッセージを読者が読み取る作業です。下の図に示したように，テキスト（text）とは，文字を通して筆者（writer）が伝えようとしているメッセージ（message）を符号化（encoding）したものであり，読者（reader）の作業は，そのテキストに込められたメッセージを解読（decoding）することであると捉えることができます（Nuttall, 2005）。

図3．コミュニケーションとしてのリーディング

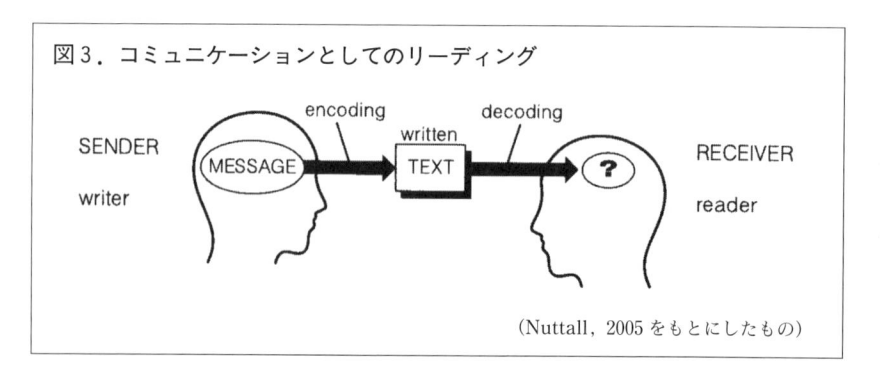

SENDER　writer　MESSAGE　encoding　written TEXT　decoding　?　RECEIVER　reader

（Nuttall, 2005 をもとにしたもの）

■ まずは，込められたメッセージを読み取ってみよう

ここでもっとも大切なことは，テキストの中には筆者が伝えようとしているメッセージが必ず込められているということを教師がしっかりと認識することです。漠然とテキストを眺めていてはメッセージを読み取ることは容易ではありません。そこで，メッセージを読み取るコツをここでは見ていきましょう。

よく見られるメッセージのパターン

テキストには次のようにメッセージが提示されることがよくあります。

☐ 生徒に考えさせたいものが提示されるパターン

今日的な話題であるテーマをもとに，生徒自身との関わりを考えさせるパターンです。主張に対する生徒自身の意見や感想を述べさせることができます。
例）情報化社会，平和問題，環境問題，高齢化社会，など

☐ 新情報が提示されるパターン

あるトピックについて提示された新しい情報を，生徒が正しく読み取るパターンです。身近な事柄であるにもかかわらず，意外な事実を発見させる形で読み進めます。
例）アリの生態，睡眠のメカニズム，迷信の意味，など

☐ 生き方・考え方が提示されるパターン

ある人物の行動や描写を通し，生き方や考え方が述べられるパターンです。生徒は，人物の感情を読み取ると同時に，感情を伝えるための表現を学ぶことができます。
例）挫折，希望，チャレンジ，思いやり，など

2.1 込められたメッセージをひも解く

メッセージを読み取るコツ

☐ テキストが伝えるメッセージを一言で表現してみる
☐ タイトルや原典のタイトルをチェックする

第2章 英文テキストの特徴をつかもう

(1) テキストが伝えるメッセージを一言で表現してみる

次の英文は，ジョン・レノンの幼い頃について書かれた教科書の一部です。読者の皆さんは，この英文テキストの背後にある筆者のメッセージをどのように読み取るでしょうか。次の英文にざっと目を通してみてください。

Example 1

　　John Lennon was born in 1940 in Liverpool, England. From early childhood, he was a sensitive child who preferred to be alone. He hated studying, but loved writing poems and painting pictures. He dreamed of becoming an artist. He didn't want to conform to adult rules. So, to some teachers he was a difficult boy.

　　When John turned 15, his dream changed and he wanted to become a rock'n'roll star. Influenced by Elvis Presley, he was absorbed in playing the guitar. Mimi, his aunt and foster mother, often said to him, "If I were you, John, I wouldn't be so crazy about music. The guitar is all right for a hobby, but you'll never make a living at it." He was not sure about the future and he did not know what to say to her. As a junior high school student, he was already trying to find himself.

　　　　　　　　　　　　　　　　　　　　　（*Exceed English Series II*）

■　このテキストのメッセージを一言で表すと何でしょうか

　この英文は，ビートルズのメンバーの1人であるジョン・レノンの生い立ちを描写している伝記文です。この英文の主題は，どこにあるでしょうか。例えば，ジョン・レノンは，幼い頃，繊細で勉強嫌いな少年だったこと，エルビスへの強い憧れをもっていたこと，そして，次第にギターの魅力にのめり込んでいったこと，などが具体的に描かれています。

　英文中の "he preferred to be alone", "He didn't want to conform to adult rules" や "he was a difficult boy", "foster mother", "he was already trying to find himself" といった表現には，英文のメッセージが垣間見えます。それは，複雑な家庭事情のもとで育ったジョン・レノンの幼少期の「孤独感」であったり，「自分とは何か」というテーマに直面している

様子です。さらにこのレッスン全体を通して読んでみるとスーパースターと言われた輝かしく華やかな偉業を残した人物であっても，実はその背後には，つねに孤独感との格闘があったという，この英文の筆者のメッセージにつながっていきます。このレッスン全体のタイトルが，"Nowhere Man" であることも象徴的にこの英文のメッセージを表しています。

　レッスン全体の英文が何を伝えようとしているのかを一言で表現してみると，読み取るメッセージが明確になります。筆者が読者に伝えようとしている，テキストに一貫したメッセージ，あるいは，筆者が投げかける問いは，「主題」と呼ばれることがあります。このようにテキストの主題をつかんでみると，テキストに書かれた具体的な表現の一つ一つが，筆者のメッセージを読者に伝えるために丁寧に提示されていることがわかります。

　英文テキストの主題である筆者のメッセージが，この文章ではどのように表現されているのであろうかという視点を教師がもつことで，生徒にどのように読ませるか指導の方向性を考えるきっかけになります。例えば，この英文テキストでは，15歳という少年時代のジョン・レノンの年齢に，教師が興味をもったとします。その年齢に近い読み手である中学生や高校生に，このテキストを通して何かを共感させるような指導ができるかもしれません。リーディング指導の中で，語彙や文法の解説に終始するのではなく，このような豊かな読みを生徒に体験させるきっかけとして，まず教師自身がその英文テキストの本質的なメッセージをどのように読み取るかが，1つのカギとなってきます。

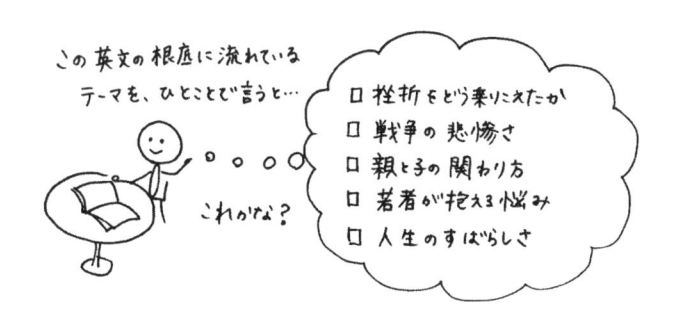

2.1 込められたメッセージをひも解く

この英文の根底に流れているテーマを，ひとことで言うと… これかな？

- □ 挫折をどう乗り越えたか
- □ 戦争の悲惨さ
- □ 親と子の関わり方
- □ 若者が抱える悩み
- □ 人生のすばらしさ

第 2 章　英文テキストの特徴をつかもう

(2) タイトルや原典のタイトルをチェックしてみる

次の英文はある教科書の英文テキストの冒頭部分です。その英文のメッセージは何でしょうか。

> *Example 2*
>
> In our daily lives we hear music in the background － in stores, in restaurants, and even on the telephone. It is true that most of us do not pay much attention to this music. Some people say they hardly hear it at all. But even so, it can affect them. Researchers have found that this kind of music can actually change the way we act and feel.
>
> (*Polestar English Course I*)

Example 2 のテキストでは，私たちの生活の中で耳にする音楽は，私たちの行動や感情に何らかの影響を及ぼしていることが述べられています。

■ このテキストのタイトルは何でしょうか

テキストの根底には筆者のメッセージが流れており，それがテキストのタイトルとなっていることがよくあります。テキストのタイトルを見てみるとテキストのメッセージがはっきりと分かります。このテキストのタイトルは，"The Power of Music" です。

タイトルの意味を押さえることで，読者である生徒の読み方，読ませ方のポイントが決まってきます。この例の場合，私たちに影響を与える音楽には，いったいどのようなものがあり，どのような影響を私たちに与えるのかといった具体的な情報を読み取ることが，指導の中心になってきます。

■ このテキストの原典のタイトルは何でしょうか

また，教科書の英文は，原典である長い文章の一部が抜粋されていることが多いため，原典のタイトル名を教科書の奥付などを見てチェックするのもよいでしょう。ちなみに，Example 2 の英文の原典は，"Music's Surprising Power to Heal" です。

なお，英文テキストには，この英文のようにメッセージがタイトルにはっきりと示されているものと，そうではないテキストの両方があります。はっきりと示されていない場合は，前のセクションで見たように，教師がテキス

トを通して主題を読み取っておく必要があります。

タイトルは？　原典では？

2.1 込められたメッセージをひも解く

> **Q & A BOX**
>
> **Q.** 教材研究をしていて教師自身が面白いと思った部分を，授業中，せっかく生徒に熱く語っても，生徒は引いてしまいます。面白い部分に生徒をうまく引き込むためにはどのようにすればよいでしょうか。
>
> **A.** 教師が面白いと思ったことや教師が意欲的に調べたことは，生徒に全部教えたくなります。しかし，教師が一方的に説明しようとすると，生徒は受け身になってしまうので，考えなかったり，気づきが起こらなかったりします。生徒自身で面白い部分をじっくりと味わえるよう，自分たちで気づかせるような工夫をしてみてはいかがでしょうか。
>
> 　教師がこれは生徒に教えたいと思ったりした面白いあるいは重要な指導ポイントは，あえて，直接生徒に教えないというのがコツです。生徒に「どうだ面白いだろ！」，「重要だろ！」，「覚えろ！」と直球を投げて説明すると，生徒からすれば，教師から一方的に与えられた形になり，自分で考えるプロセスを経ないため，引いてしまう可能性があります。ということは，生徒自身で考えてみるプロセスを経由させてみればよいのです。
>
> 　詳しくは第4章で，具体的に働きかけの方法を扱います。

第2章　英文テキストの特徴をつかもう

2.2 テキストタイプを考える

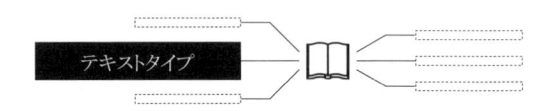

■ **テキストタイプとは**

一般に，テキストは，説明文（expository text）と物語文（narrative text）に大きく区分されます（表1）。テキストタイプによって，テキストの特徴や読みのポイントが異なってくることを押さえましょう。

説明文は，知識や情報を獲得することに目的があり，ある事柄を題材として，具体例を示しながら主題を提示します。読みのポイントは，筆者の主張やその論理展開を読み取り，論拠や例示された事柄を正確に理解することにあります。一方，物語文は，文学的な読みの楽しさを追求することに目的があり，登場人物や情景など一連の出来事の中で，登場人物の心情が描写されます。読者は，登場人物の心情を読み取りながら文章の根底にある主題を読み取ることになります。

表1．テキストタイプに応じた読みの違い

テキストタイプ	テキストの特徴	読みのポイント
説明文 (expository text)	知識や情報の獲得が目的。ある事柄を題材として，事例でもって論証する文章	ある主題に関する論理展開を読み取り，筆者の主張やその論拠などを理解する
物語文 (narrative text)	感興の喚起・獲得が目的。エピソードが時間順に述べられ，登場人物を通し心情について描写する文章	一連の出来事における登場人物の行動や心情，情景を理解するなかで，一貫した主題を読み取る

（伊藤，1986をもとに筆者が表を作成）

説明文は，読者に主題が正しく伝わるように，できるかぎり明確に主題を伝えようとするのに対し，物語文は，登場人物の心情や情景を通して，主題を暗示的に伝えようとする傾向があります。このように，テキストタイプに応じたテキストの特徴を的確に捉えることは，教材をうまく活用し指導内容を適切に考えるための有益な情報となります。

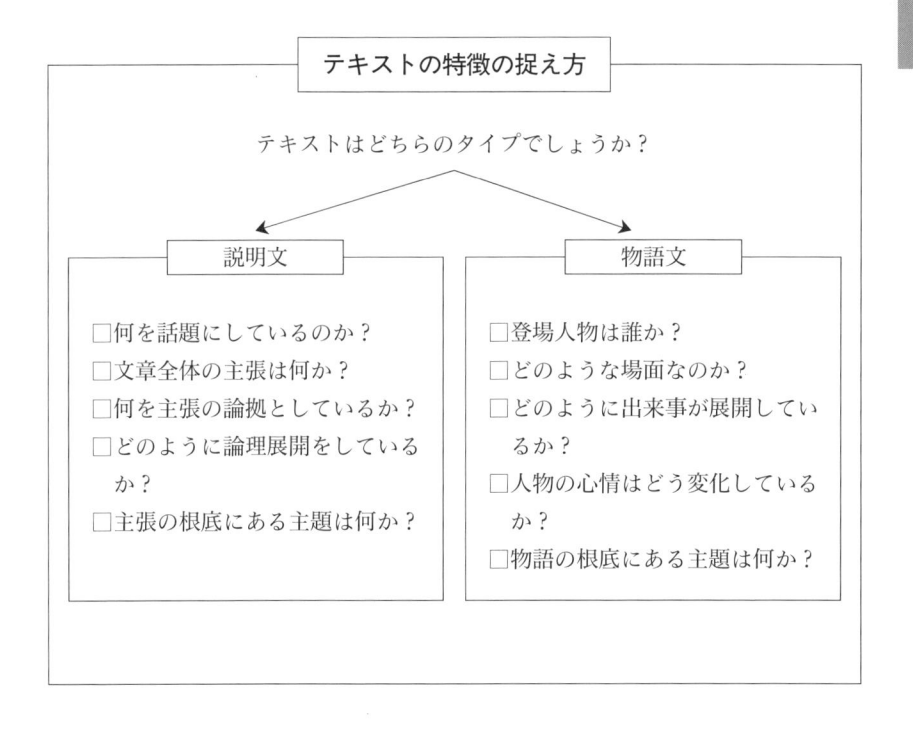

テキストの特徴の捉え方

テキストはどちらのタイプでしょうか？

説明文
- □ 何を話題にしているのか？
- □ 文章全体の主張は何か？
- □ 何を主張の論拠としているか？
- □ どのように論理展開をしているか？
- □ 主張の根底にある主題は何か？

物語文
- □ 登場人物は誰か？
- □ どのような場面なのか？
- □ どのように出来事が展開しているか？
- □ 人物の心情はどう変化しているか？
- □ 物語の根底にある主題は何か？

テキストのタイプに応じて主題を探すコツ

- □ 説明文では構成と主張，具体例に着目しよう
- □ 物語文では出来事と登場人物の心情に着目しよう

(1) 説明文では構成と主張，具体例に着目しよう

読者の皆さんは，次の英文の特徴はどこにあると捉えるでしょうか。まずは，次の例文を読んでみてください。

> *Example 3*
>
> The English are certainly good at training dogs. English dogs do not bark or make unnecessary noise in the house and they are extremely obedient when they go out for walks with their masters. They do not bark when they pass other dogs; nor do they run up to them.　　　　　　　　　　　　　　　(*Milestone English Reading*)

■　この英文のテキストタイプは何でしょうか？

この英文テキストは，イギリス人の犬の飼い方について述べている説明文です。このような説明文の場合，構成と主張，具体例に着目してテキストを読んでいくと，テキストの主題がつかみやすくなります。説明文は，一般に，筆者の主張を具体例で説明する構成をとります。具体例は，"for example"のような語句でつねに示されるとは限らないため，次のページに示すように，テキストの中で主張と具体例に分けて読むことが必要になります。

■　このテキストの主題は何でしょうか？

Example 4は，Example 3とそれに続く英文です。下線を引いた部分は，筆者の言いたい主張であり，下線以外の部分はその具体例を述べているにすぎません。第1段落では，筆者はイギリス人は犬のしつけが上手いことを述べ，第2段落では，日本人は犬を甘やかすのが上手いと述べています。そして，第3段落において，その違いは，人と動物の関係についてのイギリス人と日本人の捉え方の違いにあるという筆者の意見を述べています。

このように説明文の特徴である構成を捉えてテキストを読むことで，どこを重視して読めばよいのか，あるいは，どこを軽く読めばよいのかが自然と見えてきます。テキストを一文ずつ訳していくテキストの捉え方では，その文章の構成や主題は見えてきません。

テキストの構成を捉えながら主題を読み取るためにも，テキストの中の具体例と主張を区別して読み取る必要があります。逆に言うと，しっかりとテ

Example 4

<u>The English are certainly good at training dogs.</u> English dogs do not bark or make unnecessary noise in the house and they are extremely obedient when they go out for walks with their masters. They do not bark when they pass other dogs; nor do they run up to them. They just walk quietly with their masters, looking straight ahead. Needless to say, they do not require leashes.

<u>In contrast the Japanese are good at spoiling dogs.</u> Japanese dogs always jump on or bark at one another. If they are big, their masters have a hard time restraining them. Some masters are pulled so hard by their dogs that they are forced to walk quickly. Two Japanese dog owners meeting in a narrow alley are a sight to behold. If one of them happens to have a tiny, timid-looking dog, he might even turn into a side street or turn completely around. A woman owning a small dog might pick it up to protect it and walk hurriedly past.

What in the world causes this conspicuous difference? <u>In my opinion, it is due to the great difference in the way the English and the Japanese view relations between humans and animals.</u>

(Excerpted from 'Different Views of Animals in Japan and England' in *Words in Context: A Japanese Perspective on Language and Culture* by Takao Suzuki, translated by Akira Miura. Published by Kodansha International Ltd. Copyright© Takao Suzuki, 1973. English translation copyright© Kodansha International Ltd.,1978, 1984, 2001. Reprinted by permission. All rights reserved.)

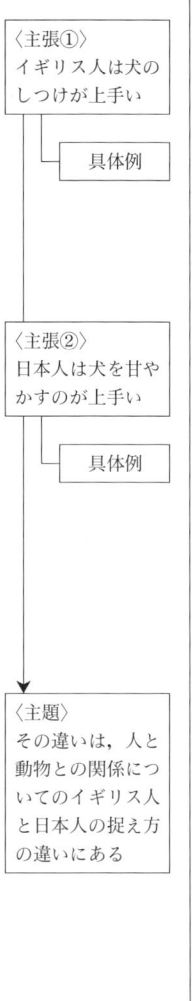

〈主張①〉イギリス人は犬のしつけが上手い
　└ 具体例

〈主張②〉日本人は犬を甘やかすのが上手い
　└ 具体例

〈主題〉その違いは，人と動物との関係についてのイギリス人と日本人の捉え方の違いにある

2.2 テキストタイプを考える

キストの構成を捉えることができれば，筆者がもっとも言いたい主張や主題がはっきりと見えてくるはずです。そうなれば，メリハリをつけた指導方法を考えることも容易になってきます。

第2章　英文テキストの特徴をつかもう

(2) 物語文では出来事と登場人物の心情に着目しよう

皆さんは，次の英文テキストを使って授業を準備する場合，このテキストをどのように読むでしょうか。Example 5 は，次のような内容の英文の一部です。

> 9歳のジョニーは，重い病気を患っているため，緊急時に他の人に分かるように，医療用ブレスレットをつけている。ジョニーはそれを人に見られるのが嫌でいつも隠していた。

Example 5

　　Johnny and his family arrived at the airport. A big police officer suddenly came to Johnny. "Roll up your sleeve and show me your arm, boy!" he said. Johnny turned pale. He didn't want to show his bracelet to anyone. But the police officer looked at him seriously.

　　Johnny unwillingly rolled up his sleeve. Then the police officer smiled. He showed his own arm and said, "I have one, too! I began wearing it twenty-four years ago. Now I'm thirty-five. I'm strong, healthy and happy. Don't be ashamed of your bracelet. You are fighting for your life with it. Show your bracelet with pride!"

　　　　　　　　　　　　　　　　　　　　　　　(*New English Pal I*)

■　この英文のテキストタイプは何でしょうか？

　このテキストが，具体例を列挙して何かを主張するような説明文ではなく，人物を描写した物語文であることはすぐにわかります。このような物語文の場合，何らかの背景をもつ登場人物，その人物に起こる出来事，そして，人物の心情の変化に着目して，テキストを読んでいくと主題がつかみやすくなります。

　このような視点でこのテキストを見てみると，まず，医療用ブレスレットをつけた少年ジョニーと警官が登場します。警官に腕を見せろと言われたジョニーは嫌々袖をまくります。しかし，その後，その警官は，自分も同じブレスレットを持っていることをジョニーに告げ，励まします。

■ このテキストの主題は何でしょうか？

　物語文では，一読しただけでは主題がわかりにくいことがあります。しかし，登場人物の具体的な描写や心情の表現に着目しつつ，筆者がどこに焦点を当てようとしているかを考えてみると見え方が違ってきます。

　改めてこの文章を読んでみると，病弱で気弱なジョニーに対し，体が大きい警官の威圧的な行動が描かれ，2人は対照的に表現されています。警官の突然の態度に嫌々対応していたジョニーは，警官も同じブレスレットをもっているという意外なことを知ることになります。そして，ジョニーのもつブレスレットは病と闘っている誇るべき証なのだと励まされます。このような2人の描写や言動から，劣等感ではなく誇りをもって生きようという主題が見えてくるのではないでしょうか。

　この主題を踏まえた上で，テキストの表現を眺めてみると，なぜ警官がそのような突然の行動をとったのか，それに対しジョニーはどのように感じ，警官の言葉をどのように受けとめたのか，など登場人物の心情を深く推測できるようになるはずです。また，物語の一貫した主題を伝えるために具体的な描写が巧みに使われていることに気がつきます。テキストを一文ずつ訳していくテキストの捉え方では，主題を伝える巧みな表現まではなかなか見えてきません。

　このように，登場人物，出来事，心情の変化を押さえた上で，どのような主題が根底に流れているのか，そしてその主題がどのように表現されているのかを見てみることが，物語文のテキストを捉えるポイントです。

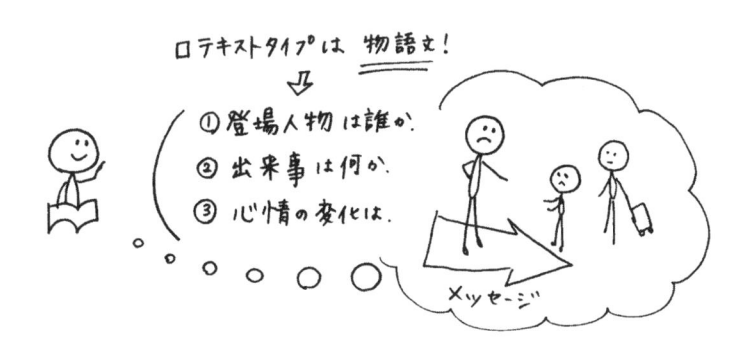

2.2 テキストタイプを考える

2.3 心が込められた表現を捉える

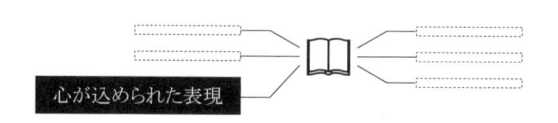

■ 語彙や表現の選択には理由がある

テキストの中で筆者が使用する語彙や表現を通し，筆者のトピックに対する態度や視点などを垣間見ることができます。このことをWiddowson (2007) は，次のような例で説明しています。

> At the height of the Kosobo crisis in May 1999, Tony Blair was on his way to Bucharest, the Romanian capital, to drum up local support for Nato's high-risk confrontation with Serbia. The Prime Minister astonished his advisers by suddenly announcing on the aeroplane....

この英文の中では，下の図のように，Tony Blairを受け，代名詞の"he"でよいところを"the Prime Minister"という語が選択されています。これは，Tony Blairという人物を指すのではなく，彼の公的な地位に筆者の焦点が向けられていることを表しています。もしここで"Tony"という語が使われれば，筆者の彼に対する親しみが込められ，Bush's poodleという語では皮肉が込められることになります。

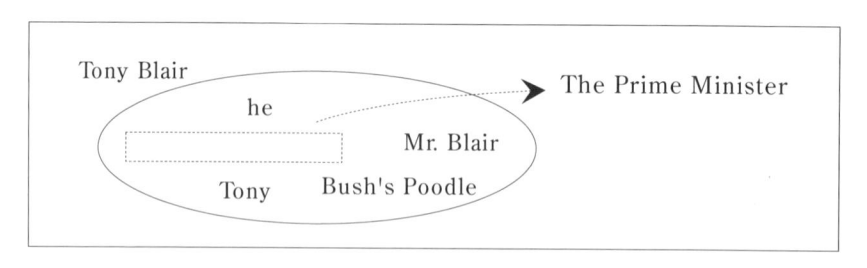

```
Tony Blair
        he                  ──▶ The Prime Minister
              Mr. Blair
        Tony  Bush's Poodle
```

このように，語彙や表現の選択には理由があるということを押さえましょう。

心が込められた表現を捉えよう

次のような視点で英文に込められた筆者の心を読み取ってみましょう。

☐ 比喩の選択

ある事柄を強調したりわかりやすくしたりするために，あえて比喩が使われることがあります。何を意図してその比喩が使われているのかを考えてみると筆者の心が見えてきます。
例）"landmines" のことを，なぜあえて "silent killer" という表現を使って言い換えているのか？

☐ 語句の選択

語句の選択に，筆者の感情が見えることがあります。筆者はなぜあえてその語句を選択したのかを考えてみましょう。
例）なぜ "surprised" ではなく "astonished" が使われているのか？

☐ 文法表現の選択

文法にも，筆者の感情や意図が表れます。筆者の視点や意図が，その文法に表れているのではないか考えてみましょう。
例）"The refugees were injured." の文で，なぜ能動態の文ではなく，受動態の文が使用されているのか？もし "by 〜" があるとすれば誰が予想されるか？なぜ省略されているのか？

心が込められた表現を見つけるコツ

☐ 大げさに表現されている部分がないか注意する
☐ 筆者の心を感じる語句を探してみる
☐ 筆者の心を感じる文法表現を探してみる

第 2 章　英文テキストの特徴をつかもう

(1) 大げさに表現されている部分がないか注意する

次の英文を読んでみてください。

Example 6

　No matter who you are or where you come from, one thing is certain: you are familiar with the mosquito. Mosquitoes are everywhere. They can be found all over the world, and there are more than 2,500 kinds. Somewhere, at some time, you have surely met at least one.

　No one loves the mosquito. But the mosquito may decide that she loves you. She? Yes, she. If the mosquito were not a female, it would not need to bite you. The female mosquito bites, not because she's unfriendly, but because she needs blood to lay eggs.

(*Vivid English Course II*)

　この英文は，蚊の生態を述べた科学的な説明文の冒頭部分です。では，読者の皆さんも次の問いについて考えてみましょう。

■　あなたはどの語彙や表現に着目しますか？

　筆者が心を込めて書いたと思われる表現を探すつもりで読んでみると，いくつか挙げることができると思います。

　|No matter who you are or where you come from, one thing is certain|: you are |familiar| with the mosquito. Mosquitoes are everywhere. They can be found all over the world, and there are more than 2,500 kinds. Somewhere, at some time, you have surely met at least one.

　|No one loves the mosquito.| But the mosquito may |decide that she loves you.| |She? Yes, she.| If the mosquito were not a female, it would not need to bite you. The female mosquito bites, |not because she's unfriendly,| but because she needs blood to lay eggs.

　例えば，☐で囲まれた部分に筆者の心が込められていると気づくので

はないでしょうか。それぞれの部分から筆者のどのような心が伝わってくるでしょうか？これから述べる内容に読者を引き込もうという気持ちが分かります。"one thing is certain"の部分では，何が"certain"なのだろうと次を読みたくなるように工夫されています。"you are familiar with the mosquito."という部分では，"familiar"という語が使われ，"No one loves the mosquito"や"the mosquito may decide that she loves you"の部分では"love"という語が使われています。嫌われ者の蚊に対し好意的な意味の語をあえて使うことで，皮肉的な感じさえ与えます。また，"She loves you. She? Yes, she."という部分では，"she"という語を繰り返し，効果的に読者の興味を引くようにしながら，人を刺すのはメスであるとの説明を導入しています。メスが人を刺す理由の説明でも"not because she's unfriendly"と読者が読んで面白みを感じさせるような書き方をしています。

■ どのような筆者の意図を感じますか？

　この英文は，蚊の生態を述べた科学的な読み物です。普通に説明しただけでは堅苦しい内容に読み手がついてこないかもしれません。そこで，この筆者はユーモラスで独特な書き方を選び，読者を内容にうまく引き込むよう表現を工夫しています。この英文は，ユーモラスな表現の中に，真面目な内容をできるだけ面白く伝え，読者の興味関心を呼び込みたいという筆者の意図が込められていることが読み取れるはずです。このように，筆者が伝えようとしているメッセージの内容に焦点を当てて読んでみると，輝いて見えてくる部分がどこかにあるはずです。

2.3 心が込められた表現を捉える

第2章　英文テキストの特徴をつかもう

(2) 筆者の心を感じる語句を探してみる

次の英文を読んでみてください。

Example 7

　　Ann and I are a modern couple. We take turns doing the housework. When our first baby was born, I was working at home on a book. I enjoyed caring for little Emma and even checked on her when she cried. So, when Ann accepted a part in a new play — no actress dares refuse a part if she ever wants another one — I said I could easily look after Emma myself. So, Ann went to work, and "I was left holding the baby."

　　Emma slept from 10 to 12 o'clock in the mornings and from 2:30 to 4:30 in the afternoons, and she was put to bed about 6:30. That schedule would give me plenty of time to write — or so I thought. But I soon discovered the horrible truth.　　(*English 21 Read on!*)

　この英文は，仕事をもつ妻の代わりに子どもの世話に奮闘する筆者自身を綴ったエッセイの冒頭です。

■　どこから筆者の心が伝わってくるでしょうか？

　いくつかの部分で筆者の「心」を感じることができるかと思いますが，例えば次のような部分ではないでしょうか。

　　Ann and I are a modern couple. We take turns doing the housework. When our first baby was born, I was working at home on a book. I enjoyed caring for little Emma and even checked on her when she cried. So, when Ann accepted a part in a new play — no actress dares refuse a part if she ever wants another one — I said I could easily look after Emma myself. So, Ann went to work, and "I was left holding the baby."

　　Emma slept from 10 to 12 o'clock in the mornings and from 2:30 to 4:30 in the afternoons, and she was put to bed about 6:30. That schedule would give me plenty of time to write — or so I thought. But I soon discovered the horrible truth.

　第1文では，"modern"という語が使われています。この部分では筆者たち夫婦を"a traditional couple"ではなく，わざわざ"a modern couple"であると明言し，それは正しいことだと自負している筆者の考え方が暗に伝わってきます。また，"I enjoyed caring for"の部分や"I said I could easily"の部分からは，子育ての大変さを知らない筆者の甘さが伝わってきます。"discovered the horrible truth"の部分では，"discovered"という大げさな動詞を使っていますし，"the truth"でよいところをあえて"the horrible truth"と表現しています。筆者がよほど悲惨な状況に陥ったのだろうと読者に感じさせます。この後の話の展開で，その"the horrible truth"の具体例が列挙されるのですが，やはり"horrible"そのものです。筆者は，この"horrible"という語をよく練って選んだはずです。

■　この文章の面白みは何でしょうか？
　このエッセイでは，"modern"や"horrible"という語が仕掛けとなり，筆者の隠れたメッセージが伝わってきます。例えば，"a modern couple"の"modern"という語は，冒頭にしか使われていませんが，その後の展開を踏まえてこのテキストを読み直してみると，とても重要な語であることがわかります。この英文には，自分たちを現代的な夫婦であると自負しながらも，筆者の子育てに対する考えの甘さから，予想以上に大変な思いをしたことが語彙や表現に込められています。このように，筆者が意図的に用いている語句や表現に着目すると，この文章の面白みを味わうことができるはずです。

2.3 心が込められた表現を捉える

(3) 筆者の心を感じる文法表現を探してみる

筆者の心が込められるのは，語句や表現に限りません。使用される文法構造にも筆者の心が表れることがあります。次の英文を読んでみてください。

Example 8

　　I recalled my walks and talks with my father down Howard Avenue to Saratoga Park. There he would buy me ice cream and say "But don't tell your mother. She might think it's too close to dinner." Having ice cream in the park with my father was very nice, but for me, it was our talks that were more important.

　　　　　　　　　　　　　　　　　　　　（*Unicorn English Course I*）

■　筆者の感情が最も伝わってくる部分はどこでしょうか？

　読者の皆さんが心に留まった部分はどこだったでしょうか。"he would buy me ice cream." や "don't tell your mother." に注目されたかもしれません。中でも最後の部分の "it was our talks that were more important." の強調構文が深く印象に残っているのではないでしょうか。

■　どのようなニュアンスが伝わってくるのでしょうか？

　強調構文の部分が，もしシンプルに "our talks were more important." だったとしたら，どのようにニュアンスが異なってくるのでしょうか。それを考えるために，別の文を使って考えてみましょう。

□次の2文を比べてみましょう。
　(a) Bob broke the window.
　(b) It was Bob that broke the window.

　一般に，強調構文は "It was Bill who broke the window (not me)." のように，「〈僕ではなく〉ビルが窓を割ったんだ」という他の別のモノとの対比が暗に含まれた意味で使用されます。では，先の英文ではどうでしょうか。

□次の2文を比べてみましょう。
(a) Having ice cream in the park with my father was very nice, but for me, <u>our talks were more important</u>.
(b) Having ice cream in the park with my father was very nice, but for me, <u>it was our talks that were more important</u>.

英文中には，"more"という比較表現もあるので，(a)でも，公園で父にアイスクリームを買ってもらったことと父との会話を対比させていることは一目瞭然です。しかし，(b)では強調構文を使っています。もちろんアイスクリームは嬉しかったが，それよりもっと大切なもの，それは父との会話そのものだった，という筆者の深い気持ちが感じられます。(a)よりも(b)の方が，より"our talks"に心が込められている感じがします。

この英文テキストは，実はアメリカで最も有名なテレビ・インタビュアー，Larry King氏の書いたエッセイの一部です。このエッセイの中で，スピーチのプロと言える彼が，人前で行うスピーチの秘訣を，「自分が最もよく知っていることを自分の体験を交えて話すことである」と述べています。その例として，Larry氏は初めて人前でスピーチをすることになったときに，亡き父との思い出を話したことを紹介している部分がこの英文テキストなのですが，このことを踏まえてこのテキストを読むと，また一段と筆者の思いを味わうことができるはずです。

2.3 心が込められた表現を捉える

では，もう1つ英文を読んでみましょう。次の英文は，アフリカのギニアに住むFindaという娘の父親Tolnoが，Findaにしっかりと教育を受けるように片道3時間の学校へ通わせる話の一部です。

> **Example 9**
> 　　Her father, Papa Tolno, is a proud man. Now he is a rice farmer. When he was young, he fought in the Algerian War and had many experiences. He had been living in a village with no schools. He had wanted to study, but never had the chance. He wants Finda to do better.
> 　　　　　　　　　　　　　　　　　　　(*Genius English Course I*)

■　父親の思いが強く伝わってくるのはどこでしょうか？

　読者の皆さんはどこに着目されたでしょうか。"a proud man"や"a rice farmer"などの部分から，この父親がどのような人物であるかイメージが膨らみます。さらに，"he fought in the Algerian War"からは，困難を経ている人物であること，"He had been living in a village with no schools."からは，この父親がどのような環境で育ったのかも把握できます。その中で，父親の思いが最も伝わってくる部分がどこかを探してみると，"He had wanted to study, but never had the chance."の父親の思いに着目できるのではないでしょうか。

■　そこからはどのようなニュアンスが伝わってくるのでしょうか？

　なぜ，ここでは過去形ではなく，あえて過去完了形が使われているのでしょうか。もし"He wanted to study, but never had the chance."とした場合，どのようにニュアンスが異なるのでしょうか。

> □次の2文を比べてみましょう。
> 　(a) He wanted to study, but never had the chance.
> 　(b) He had wanted to study, but never had the chance.

　(a)では動詞が単純過去であり，〈過去のある時点で起こったこと〉を表します。それに対して(b)は動詞が過去完了であり，〈過去の時点で始まった事

が過去のある時点まで続いたこと〉を表します。(a)のように単純過去が使われた場合，過去に勉強したいと思ったという平板な表現になりますが，(b)のように過去完了を使うことで，若い頃勉強をしたいと思っていたが，チャンスもなく，過去のある時点であきらめてしまったというニュアンスになり，今は娘のFindaには良い暮らしのために学校に通わせ教育を受けさせたいという父の強い思いの訳を立体的にイメージすることができます。

このように，英文テキスト内で使われている文法構造にも，筆者や登場人物の心情が込められていることが多いということが分かるかと思います。

2.3 心が込められた表現を捉える

Q & A BOX

Q. 発問を中心に授業をすすめると，時間がかかりすぎてしまいます。どうすればよいでしょうか。

A. 発問に時間が取られてしまうということは，発問が十分に計画されていない可能性があります。まずは，発問を計画的に考えてみましょう。もし十分に計画された発問であれば，その発問を生徒に投げかけるまでに，どのような展開で授業を進めるかがある程度決まっているはずです。最終的にどのような力をつけるためにどのように授業を展開すればよいかを逆算して，頭の中である程度の授業の流れをイメージしておく必要があるでしょう。

テキストとは関係のないことで時間が取られるようであれば，発問の内容を考え直す必要があります。生徒に英文を読んでみたいと思わせ，英文と深く格闘させるような効率的な発問を考えましょう。

第2章 英文テキストの特徴をつかもう

2.4 文章の論理構成を捉える

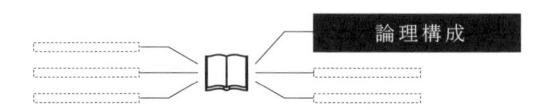

■ 英文テキストはつねに論理的である

　英語で書かれた文章は，論理的であると言われます。文章は通常，右に示すように段落ごとに構造化されています（秋田，2002）。とくに説明文の場合，その傾向が強く見られます。文章の論理パターンとしては，文章の始めに中心的な内容のある頭括型，文章の終わりに中心的な内容のある尾括型，文章の初めと終わりの両方に中心的な内容のある双括型の3タイプがあります。

　これらの論理パターンをしっかりと頭に入れておきましょう。段落の関係や文のつながりといった知識は，教師にとっても効果的に文章を指導するために必ず役に立ちます。

■ テキストはどのような骨組みになっているかをつかもう

　英文テキストの特徴をつかむときには，そのテキストがどのような論理構成で書かれているか，文章の骨組みを見るようにしましょう。文章構成をはっきりと認識することができれば，筆者のメッセージを的確にすばやくつかむことができます。書かれた内容を論理的に整理できれば，文章の展開の全体像を予想しながら読み進めることもできます。全体像が見えると，見通しをもって指導する余裕がでてきます。もちろん，生徒が英語で文章を書くときの指導にも役立ちます。

　文章の骨組みを捉えるとは，筆者がどのようにそのトピックに切り込み，どのようにメッセージを提示しているのかを見つけ，大きな情報のかたまりとして文章全体を捉えてみることです。

よく見られる論理構成のパターン

文章は，通常，以下のように構造化されています（秋田，2002）。この構造を理解しておくことで，効率よくメッセージを読むことができます。

☐ **頭括型**（文章の初めに中心的な内容があるパターン）

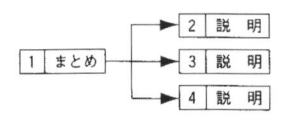

```
          ┌──▶ 2 説 明
1 まとめ ──┼──▶ 3 説 明
          └──▶ 4 説 明
```

☐ **尾括型**（文章の終わりに中心的な内容があるパターン）

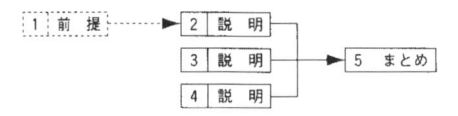

```
              ┌─ 2 説 明 ─┐
1 前 提 ┄┄▶ ├─ 3 説 明 ─┼──▶ 5 まとめ
              └─ 4 説 明 ─┘
```

☐ **双括型**（文章の初めと終わりに中心的な内容があるパターン）

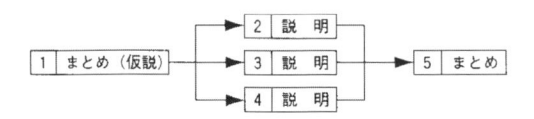

```
                    ┌──▶ 2 説 明 ─┐
1 まとめ（仮説）──┼──▶ 3 説 明 ─┼──▶ 5 まとめ
                    └──▶ 4 説 明 ─┘
```

2.4 文章の論理構成を捉える

テキストの論理構成をつかむコツ

☐ まず文章構成からテキストを眺めてみよう
☐ パラグラフの中の文と文の関係を見てみよう
☐ 主題がどのような構成で提示されているか見てみよう
☐ 情報がどのように提示されているか見てみよう

第2章　英文テキストの特徴をつかもう

(1) まず文章構成からテキストを眺めてみよう

では，具体的な英文テキストを見てみましょう。読者の皆さんは，次のテキストをどのように捉え，どのように授業を準備するでしょうか。

Example 10

　Some of you may wonder what you can do to help save the environment. I think the most important thing is to reuse or recycle things. We should avoid using things once and then throwing them away.

　According to statistics, the average household in Japan uses 8.4 shopping bags per week. Altogether, many thousands of tons of paper and plastic bags are thrown away in Japan in one year. This has become a big problem because they are generally used only once but it takes a lot of energy and resources to make them. Imagine how different things would be if everyone started to carry their own cloth bags when they go shopping.

　Let me give you another example. Every day in the United States, Americans buy 62 million newspapers, and more than 70% of them are thrown away. That equals far too many trees! Japanese buy more than 100 million newspapers daily. More than 50% of them are recycled, but millions of newspapers are still thrown away every day. If both countries concentrate on better ways to recycle their newspapers and other paper products, not only will help save the environment, but the total amount of garbage will also be reduced.

(2007年度センター試験)

■　この英文の論理構成をどのように捉えますか？

　この英文テキストは，どのような構成になっているでしょうか。この英文テキストは，3つの段落，12の文から構成されています。見た目は，長い英文になっていても，構成はシンプルです。3段落ごとに，何を伝えているのかをまとめてみると次の表のようになります。

段落	段落の役割	読み取るべき内容
第1段落	筆者の主張	(1)環境保全にとって再利用とリサイクルは重要である
第2段落	ムダの例①	(2)日本では1つの家庭につき平均週8.4枚のレジ袋を使用する (3)レジ袋は一回限りで捨てられる (4)買い物で布袋を利用すると大きな違いになる
第3段落	ムダの例②	(5)新聞紙の多くは捨てられる (6)アメリカでは70％以上が捨てられる (7)日本では50％以上リサイクルされる (8)両国は新聞紙や紙製品をもっとうまくリサイクルすべき (9)リサイクルで環境を守りゴミの量も減る

このように，意味の固まりで英文テキストの構造を眺めてみると，何を最低限問うべきかが見えてきます。

■ この3つの段落にはどのような関係があるのでしょうか？

この英文は3つの段落から構成されています。それぞれどのような関係があるでしょうか。その関係を正しく読み解くためのキーワードが第1段落に2つあります。そのキーワードとはいったい何でしょうか。

そのキーワードは，reuse（再利用）とrecycle（リサイクル）です。第2段落では，reuseについての具体例としてレジ袋について説明され，第3段落では，recycleについての具体例として新聞紙について示されています。段落間のつながりを見通しをもって捉えることができれば，文章理解も進めやすくなります。

とくに，説明文の場合では，論理的に文と文の関係や段落と段落の関係が考え抜かれた上で，英文が書かれています。論理展開を押さえながら授業することにより，生徒も論理的な読み取り方を学ぶことができます。長めの文章を読むときにもその捉え方は生徒にとって役立つことでしょう。さらには，論理的な英文を書く際の指針ともなります。

(2) パラグラフの中の文と文の関係を見てみよう

次は，短めの英文テキストです。読者の皆さんは，この英文をどのように捉えるでしょうか。

Example 11

  We have no classes on November 20. All the students have a party for the teachers instead. We play games and sing songs together. At the end of the party, we give thanks to our teachers with flowers. We call this day "Teachers' Day."

          (*VISTA English Series New Edition I*)

普通のシンプルな英文テキストですが，ここでは，とくにパラグラフ内の文章の論理構成という視点に絞って，英文テキストを見てみることにします。

■ このパラグラフの論理構成をどのように捉えますか？

上記の文章に番号を振って一文ずつ並べてみると，文章構造がわかりやすくなります。

① We have no classes on November 20.
② All the students have a party for the teachers instead.
③ We play games and sing songs together.
④ At the end of the party, we give thanks to our teachers with flowers.
⑤ We call this day "Teachers' Day."

5つの文からなるシンプルな文章ですが，そこには次に示すような，はっきりとした論理的な構成を見ることができます。

① 特別な日の特徴：　　11月20日は授業がない
② ①の補足説明：　　　生徒が教師のためにパーティーを開く
③ パーティーの説明1：ゲームと歌を一緒にする
④ パーティーの説明2：教師に感謝し花を渡す
⑤ その特別な日の名前：Teachers' Day

上記のように，この英文では，特別な日の特徴が先に述べられ，教師のためにパーティーが開かれることが次に説明され，さらにそのパーティーの内容が詳しく説明されます。そして，最後に特別な日の名前が述べられています。つまり，この英文のように，たとえシンプルな英文であっても，明確な構成のもとに情報が提示されるということです。

■　この英文の何を押さえるべきでしょうか？
　このように論理構成から英文テキストを眺めてみることで，この英文テキストの意味内容を理解させるときに，教師が何を問うべきか指導のポイントが次のようにはっきりとしてきます。

(1) 何日が話題になっているのか？
(2) その日の特徴は何か？
(3) 教師と生徒は何をするのか？
(4) 何のための日なのか？
(5) 何と呼ばれている日なのか？

　さらに，この英文テキストをもとに表現活動を考えた場合，例えば，日本の特別な日を英文で書かせたり，自分や家族にとっての記念日について書かせたりするなどアイデアが広がるでしょう。このように，パラグラフのなかでの文と文の関係に着目してみると，違った視点からの発見があるはずです。

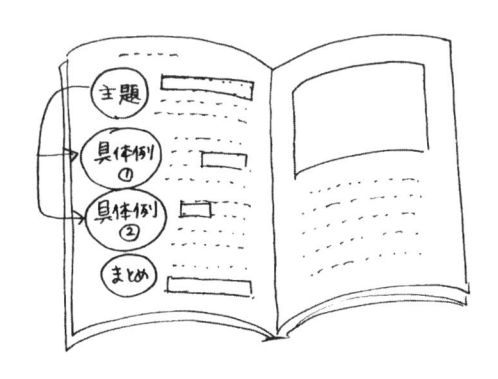

(3) どのような構成で主題が提示されているか見てみよう

皆さんは，次の英文テキストの特徴をどのように捉えるでしょうか。考えてみましょう。

Example 12

　A big, old tree stands by a road near the city of Hiroshima. Through the years, it has seen many things. One summer night the tree heard a lullaby. A mother was singing to her little girl under the tree. They looked happy, and the song sounded sweet. But the tree remembered something sad.

　"Yes, it was some sixty years ago. I heard a lullaby that night, too." (以下は，この木の回想です) On the morning of that day, a big bomb fell on the city of Hiroshima. Many people lost their lives, and many others were injured. They had burns all over their bodies. I was very sad when I saw those people. 　　(*New Horizon English Course 3*)

　この本文は，ある一本の木が，広島での原爆が落とされたときのことを回想している部分です。このテキストの後に続く部分では，木の下で小さな男の子に子守歌を歌ってあげる少女のことを思い出し，60年前に起きた悲しい思い出が語られていきます。

■　この話の中で筆者が対比させているのは何でしょうか？

　この英文テキストのポイントは，物語の構成がどのように提示されているかにあります。単に，昔戦争がありましたと書くのではなく，ある一本の木を主人公にして，その木が耳にした幸せな子守歌と60年前に聞いた悲しい子守歌が対比されて物語が描かれています。

　なぜ筆者はこのような構成をとったのでしょうか。一本の木に物語を語らせ，昔を回想させることで，どのような効果が生まれると筆者は考えたのでしょうか。この物語文では，ある一本の木が耳にした今と昔の子守歌の対比を通し，戦争のない平和な現在の幸せと，戦争による悲しい出来事との対比を暗喩的に描き，戦争の悲しさをより鮮明に読者に訴える形をとっているものと思われます。

このように，理由もなくテキストが構成されているわけではなく，書き手の意図のもとで，もっとも効果的であると判断されてテキストは構成されています。したがって，テキストの構成を的確に捉え，英文の主題を読み取ってみることによって，単にテキストの文字面だけを追った読みとは異なる，テキストの豊かな捉え方ができるようになるはずです。

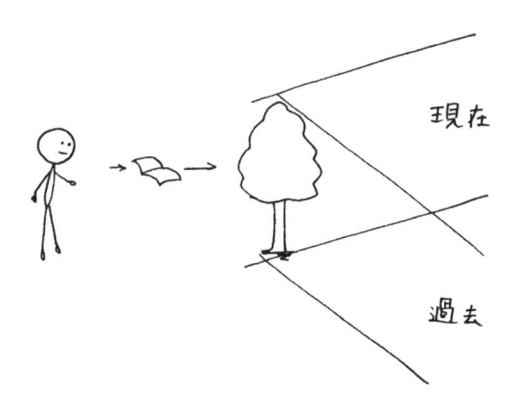

2.4 文章の論理構成を捉える

(4) **情報がどのように提示されているか見てみよう**

　次の英文テキストは，地雷で片足を失ったクリス・ムーンについての伝記文の導入部分です。読者の皆さんは，この英文テキストにはどのような特徴があると捉えるでしょうか。

Example 13

　On February 7, 1998, Chris Moon ran into a stadium in Nagano. He was holding the Olympic torch in his left hand. The cheers of the spectators welcomed him as he came in. He could see a lot of smiling children in colorful sweaters on the field. He was smiling back at them.　　　　　　　　　　　　　　(*Milestone English Course I*)

　この伝記文では，彼が長野オリンピックで聖火を掲げてスタジアムに入ってくるクライマックスの部分から始まっているところが特徴的です。

■　**なぜ筆者はこのような導入にしたのでしょうか？**

　クリス・ムーンのことを紹介する伝記文のなかで，この筆者は，なぜこのような導入の形にしたのでしょうか。一般的に，伝記文や物語文では，主人公に起こった出来事を時間順に述べることが通常です。しかし，この英文では，あえてその原則を破って，クライマックスの部分を文章の先頭で述べています。そのことにより，読者に与える文章の印象がより強くなると同時に，主人公がこれまでの多難を乗り越えた後に勝ち取った喜びがより鮮明になる効果があると思われます。

　このように，読者に対し，どのように情報が提示されているかは，テキストの捉え方のカギになることがあり，それを教師がうまく捉えることができれば，豊かな指導のきっかけにできるはずです。このテキスト提示の原則に関しては，pp.82-83 のコラムで詳しく述べることにします。

Idea Bank　論理構成のパターン

　文章構成と同じように，段落内の構成にもパターンがあり，さまざまなパターンで配列されています。このようなパターンは，正確な読みだけでなく，文章作成にも役立ちます。

- [ ] 時間的順序
  物語文や伝記文では，出来事の説明は時間順に記述される

- [ ] 比較と対照
  あるものを説明するときには，類似したもの，あるいは違うものを比べて述べることによってそのものの特徴を明確にする

- [ ] 原因と結果
  ある問題の原因や条件を述べて，それによってどのような結果になったかを述べる

- [ ] 列挙
  読者が理解しやすくなるようにいくつかの事柄を順序立てて説明する

- [ ] 具体例の提示
  主題文で提示されたアイデアを具体例を挙げながら詳しく説明する

- [ ] 意見と理由
  筆者の意見を述べた後で，その理由を具体的に述べる

2.5 題材や筆者のことを考えてみる

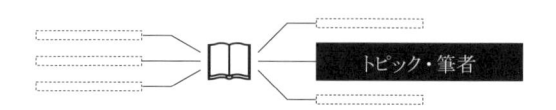

■ その英文には生まれた背景がある

　テキストが伝えるメッセージを理解するためには，読者がそのトピックについてどのような知識をもっているかが重要です。英文テキストの特徴を捉え，テキストのメッセージを読み取る上で，そのテキストのトピックに関する背景知識があると，そのテキストをどう捉えるかに大きく影響するからです。ここでのトピックとは，テキストの話題になっている物事や人物，あるいは筆者のことを指します。

　では，背景知識がどのように影響するか少し見てみましょう。まずは，次の英文を読んでみてください。

> The hilltop hour would not be half so wonderful if there were no dark valleys to traverse.

　この英文は，どのような意味でしょうか。比喩表現であることは推測できるはずです。では，誰の言葉でしょうか。実は，これは，Helen Kellerの言葉です。Helen Kellerがどのような境遇で育った人物かを踏まえ読み直してみると，"hilltop hour"や"dark valleys to traverse"の意味をより深く感じ取ることができるはずです。これは，読み手がその背景を知っているかどうかで，テキストの理解の仕方が大きく異なってくる1つの例です。

　このように，どのような人が何のために書いた文章なのかを考えてみたり，文章が書かれた時代背景や筆者の境遇などの背景を調べてみたりすると，筆者のメッセージがより鮮明になり，テキストが立体的に見えてくることがあります。

教材に興味をもとう

準備段階では，次のような切り込み口で情報収集してみましょう。

☐ トピックそのものについて

教師も意外と知らないことが扱われていることがあります。あまり知らないことだからと敬遠するのではなく，理科や社会など他教科の同僚に尋ね，トピックそのものについて興味をもってみましょう。

☐ 筆者について

筆者がどのような人物なのか，どのような考えの持ち主なのか，どのような境遇の人物なのか，図書館やインターネットなどで調べて筆者の背景がわかれば，英文の意味やメッセージが深く理解できる場合があります。

☐ なぜ今それが教科書で取り上げられているのかについて

環境問題や消費問題，福祉など，なぜ今その話題が教科書の中で扱われているのかを考えてみましょう。なぜその題材を扱うのかが見えてくるとより具体的に指導を考えることができます。

トピックや筆者について考えるコツ

☐ 題材や筆者のことを調べてみよう
☐ 興味のもてない題材ほどプラスα情報を探してみよう
☐ テキストの題材と自分との接点を見つけてみよう

2.5 題材や筆者のことを考えてみる

第2章 英文テキストの特徴をつかもう

(1) 題材や筆者のことを調べてみよう

　次の英文は、スヌーピーで知られる漫画『ピーナッツ』の作者である、漫画家チャールズ・シュルツ氏の自伝の一部です。

Example 14

　Many of my drawings come from my own experience. When I was thirteen, my parents gave me a black-and-white dog. This dog became the model for Snoopy. I decided to call the main character Charlie Brown. I once worked with a man named Charlie Brown, and he became a close friend of mine. Lucy is not a real person. She is a part of me. Sometimes, I want to say rude things and I can express these feelings through Lucy. Even Charlie Brown's love for a little red-haired girl is based on my own life. I fell in love with such a girl when I was a young man. When I was about to propose to her, she chose someone else. It broke my heart.

(*Revised Polestar English Course I*)

　この英文は、上記の英文を含む4つのパートからなっています。その後のパートでは、日常生活が漫画のネタになること、物事を注意深く観察することが漫画家として大切であること、これまで楽しんで仕事をしてきたことが書かれています。

■　題材や筆者のことをどれくらい知っていますか？

　読者の皆さんは、『ピーナッツ』の作者である漫画家シュルツ氏のことをどれくらい知っているでしょうか。

　シュルツ氏自身についてインターネットで調べてみると、次のような情報を得ることができます。シュルツ氏の描いた漫画は、50年もの間、日曜日も含め一週間毎日、新聞に掲載され続け、1984年には『ピーナッツ』を掲載する新聞が世界中で2000紙に到達し、ギネスブックに認定されている事実が分かります。

　このことを踏まえ、上記のテキストを読んでみると、この英文には何が書かれていると感じるでしょうか。50年もの間、毎日休まずにコツコツと継

続して漫画を描き続けることは，並大抵のことではありません。そのような背景を考えてみると，このテキストは，およそ 18,000 編もの漫画を毎日連続して掲載するための秘訣が書かれているように見えてきます。
　このように，テキストで扱われている人物がどのような偉業を成し遂げ，どのような生涯を送ったのか少し調べてみてから，テキストを捉えてみると，テキストを読む価値が変わってきます。Example 14 のテキストに続く部分は，シュルツ氏が自分のことを単に紹介しているだけではなく，日常生活の小さな実体験がネタになっていること，仕事そのものを楽しむことなどで構成されています。これらすべてが，物事を 50 年間も継続する秘訣としてシュルツ氏が披露してくれているように感じられます。
　さまざまな話題が教科書では扱われており，教師はその話題について詳しく知らないことがよくあります。教師が，単語や文法のみを調べて授業の準備を終えるのではなく，背景情報を少し調べてみて，生徒にとってこのテキストがどのような意味があるのか考えをめぐらせてリーディング指導を考えてみると，テキストの価値が大きく異なって見えてくることがあります。

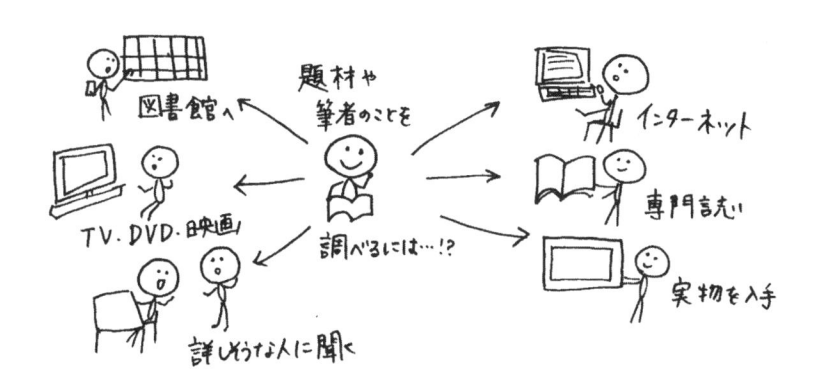

2.5 題材や筆者のことを考えてみる

第 2 章　英文テキストの特徴をつかもう　　69

(2) 興味のもてない題材ほどプラスα情報を探してみよう

では、次のような英文を読者の皆さんは、どのように捉えるでしょうか。少し考えてみましょう。

Example 15

On a sunny fall day in 1991, two Germans were hiking in the mountains on the border between Austria and Italy. That afternoon they found the small head and shoulders of a human body sticking out of the ice. They hurried to a hikers' shelter to report their find to the police. A few days later, the Austrian police sent a scientist to examine the body. He noticed right away that the body was yellowed and dried, like a mummy, and it would be important to archaeologists, not the police. (*Milestone English Course I*)

この英文は、オーストリアとイタリアの国境で見つかったアイスマンの発見と彼の死因についての話の一部です。このテキストの情報を教師としてどのように捉えるかは、その後の指導に大きな意味をもってきます。

■ あなたはこの題材をどのように捉えますか？

この英文テキストのすぐ後に、アイスマンは、5000年から5500年前の人間であることが示されます。5000年前の人間であると言われてもあまりピンときません。そこで、5000年前とは大体いつのことなのか、どのような世界だったのかを歴史の年表で調べてみます。すると、紀元前3500年から3000年ごろを指すことがすぐに分かります。紀元前3500年というのは、ピラミッドはまだ建設されておらず、メソポタミアでは人類最初とも言える世界最古の文明社会がようやく出現した頃。日本では、縄文時代の前期にすぎない頃です。

ここまで調べてみると、アイスマンの発見は、遭難者の発見どころではなく、20世紀最大の考古学的発見と言われる衝撃的な事件であったことが容易に想像できます。アイスマンは極めて良い保存状態で見つかり、衣類一式とさまざまな道具が発見されたことを考えると、考古学者たちが、古代エジプトのピラミッドのミイラよりも古い時代の人間が、どのような生活をして

いたのかを興奮して明らかにしようとしたことが予想できます。このようにプラスαの情報を調べてみるだけでも，この英文テキストに対する興味が湧いてきます。つまり，トピックに関する背景知識やプラスαの情報があると，教師にとって良い意味でのテキストへのこだわりになり，生徒にとっても英文テキストの価値や意味が見出せるようになるはずです。

Q & A BOX

Q. 授業が脱線してしまいます。どうすればよいでしょうか。

A. 教師が発問を試みる際に，気をつけることが2つあります。

1つ目は，教材研究の段階で教師が調べたことを授業の中で生徒にすべて説明しようとしないことです。調べたことすべてを説明しようとすると，教師が一方的に説明する授業になってしまったり，教材の本質から離れてしまいテキストの読みにつながらなかったりします。リーディング指導の目的は，生徒に英文を読ませることにあることを忘れてはいけません。教師が調べた教材に関する情報を授業で使う場合，生徒を教材に向き合わせるために本当に必要な情報だけを精選する必要があります。教材研究で得た情報は，テキストをどのように切り込めば生徒がテキストを真剣に読もうとするかを考えるためのものです。その中から「これはいける！」と思うものだけを発問の形にするようにしましょう。

2つ目は，発問の目的をしっかりと考えることです。他の人が作った発問をそのまま授業で試してみても，生徒の反応が良くなかったり，思わぬ方向に授業が進んでしまい収拾がつかなくなったりして，うまくいかないことがよくあります。それは，教師自身が，生徒にどのような読ませ方をさせたくて発問をするのかという指導目的をしっかりと考えずに，発問を試みていることに原因があります。第4章ではリーディング指導の展開ごとの発問づくりのポイントを紹介し，第5章では本質を捉えた発問づくりのポイントを紹介していますので，詳しくはそちらを参考にしてください。

2.5 題材や筆者のことを考えてみる

第2章　英文テキストの特徴をつかもう

(3) テキストの題材と自分との接点を見つけてみよう

次のような英文テキストを使って指導をする場合，読者の皆さんは，どのようにテキストを捉えるでしょうか。興味をもって読むでしょうか，それとも，馴染みの薄い内容であると捉えるでしょうか。

> *Example 16*
>
> Chico Mendez was born in the rainforest of Brazil on December 15, 1944. He loved the beautiful plants and animals there. As a boy, he picked fruit and was never hungry. He climbed trees and swam in the clean rivers. For generations, Chico's family had been rubber tappers. They drilled small, harmless holes into trees and drained the liquid that would become rubber. (*Mainstream English Course I*)

この英文テキストは，アマゾンの熱帯雨林の保護を訴え続け，最後には，開発推進者の何者かによって暗殺されてしまったチコ・メンデスについての話の一部です。アマゾンの熱帯雨林での話と言われても，地球の裏側での出来事であり，私たちの身近な話であるとは思えません。

■ この題材を身近な話題に捉えることはできますか？

そこで，この題材と私たちの接点を探してみると，何があるでしょうか。アマゾンの熱帯雨林という題材は，最近のニュースでも話題になっているバイオ燃料と関係がありそうです。バイオ燃料は，石油の代替資源としても考えられ，地球温暖化を防ぐものとして期待されています。しかし，その一方で，バイオ燃料の材料であるトウモロコシなどが大量に必要となり，そのためにアマゾンの熱帯雨林の木が次々と伐採され，耕地が開拓されるという矛盾を生み出しているということが話題になっています。また，森林の自然保護という題材でいうと，著者の住む山梨の場合，富士山の世界遺産への登録運動や，富士山の山麓に広がる青木ヶ原樹海の自然保護を思い出します。

このようにちょっとでも考えをめぐらせてみると，馴染みのない話題でも自分たちに意外な接点があることが多いものです。題材と自分の接点を探してみることで，テキストがぐっと身近なものになり，生徒にこの英文を読ませてみたいという気持ちが湧いてくる可能性があります。

Q & A BOX

Q. 教科書の英文がつまらないのですが，どうすればよいでしょうか。

A. 教師自身がつまらないと思う教材はあるものです。それは，教師自身の経験や個性が異なるからです。自分がつまらないと思う教材であっても，別の教師は面白いと思っている場合はよくあります。例えば，ペットの話題が出てきたときなど，ペットにこだわりのある教師は面白いと捉えるはずですが，一方では興味のもてない教師もいることでしょう。

興味のもてる教材内容とはどのようなものでしょうか。ワクワクするとか，へぇーと思うとか，新しい発見があるとき，あるいは，自分との関わりを感じる話題や自分の経験とつながる部分が多いときほど面白い教材であると言えそうです。教材の内容に興味をもてないときは，教材をただ読むだけではなく，ここをこのように尋ねれば生徒が自分との関連を感じるのではないかとか，ここを質問すれば，面白いと感じ取るのではないかという視点で，教材を眺めてみてはどうでしょうか。そうすると，最初はイマイチだなと思っていたレッスンでも面白くなってくる可能性がでてきます。

もし同じ教科書を使って同じ学年を複数の教師が指導しているのであれば，そのレッスンについて「どのようにこの教材を読みました？ これ面白く感じないんですが，先生はどこを面白いと感じますか？ 生徒にどのように読み取らせれば面白いでしょうか？」などと，複数の教師が集まって話すことをおすすめします。そうすれば，きっと糸口が見つかるはずです。どのようなトピックであっても，その教材と自分との接点を感じ取っている教師がいるはずです。

例えば，ロッククライミングが話題であった場合，誰にもロッククライミングの経験がなかったとします。しかし，そうであっても，スリル感を求めるような別のスポーツをしている教師がいるかもしれません。なぜ人はスリル感を求めるのかということで話が盛り上がるかもしれません。そうすれば，切り込み口は見つかったも同然です。

2.5 題材や筆者のことを考えてみる

2.6 挿絵や写真などをよく見てみる

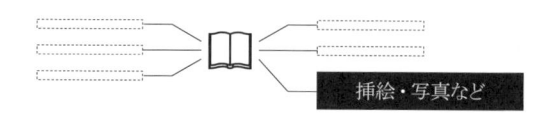

■ テキスト以外の情報もよく見ると面白い

　教師が英文テキストの特徴をつかむためのコツは，教科書本文である英文テキストそのものを見ることだけとは限りません。テキスト以外の情報には，挿絵や写真，表やグラフ，タイトルや小見出し，などがあります。そのような情報は，テキストの特徴の１つとなっていることがあります。

　目に留まるビジュアル情報を例にとって考えてみましょう。一般的に，言葉よりも絵の方が認識しやすいものです。これは，画像優位性効果（picture superiority effect）と呼ばれます（Pavio, 1968）。次の例を見てみましょう。文章よりも画像の方が圧倒的に目にとまりやすく思い出しやすいはずです。

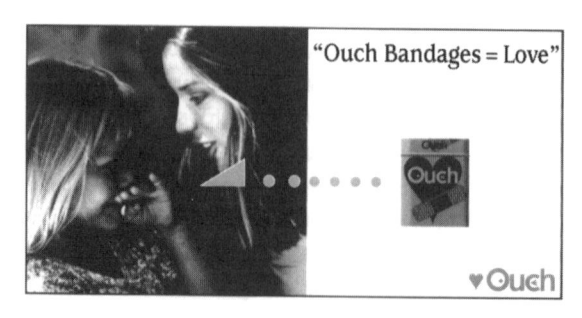

... the advertisement may instead focus on a mother and her child. In the picture, the mother is tenderly taking care of her small child's cut finger. Next to the mother, you see an open box of Ouch Bandages. The company hopes that Ouch Bandages will become a symbol of love.

(*Genius English Course I* より)

テキスト以外の情報でテキストに引き込もう

教科書の準備段階で，テキスト以外の情報にも目を向けてみましょう。ビジュアル情報だけでなく，本文タイトルやサブタイトルなども重要なものがよくあります。指導の中で活用できないかよく考えてみましょう。

☐ **挿絵や写真**

挿絵や写真などは，読み手に視覚的イメージを呼び起こし，具体的で面白いと感じさせ，テキストに対する読み手の関与を促す働きをもっています。
例）物語文の中の登場人物の挿絵

☐ **タイトルやサブタイトル**

タイトルやサブタイトルは，テキスト情報の重要なポイントに注意を向ける役割をもっています。なぜそのようなタイトルなのかを考えさせれば，テキストの主題を考えることになる場合があります。
例）"The Power of Music"

☐ **表やグラフ**

表やグラフは，テキスト情報の理解を助ける役割があります。うまく活用できないか考えてみましょう。
例）時間ごとの睡眠の深さを表す棒グラフ

挿絵や写真について考えるコツ

☐ 挿絵や写真が何を伝えているか考える
☐ テキストとどのように関連しているかを考える
☐ 挿絵や写真以外の情報にも目を向けてみよう

(1) 挿絵や写真が何を伝えているか考える

　教科書に使われている挿絵や写真の中には，英文テキストの主題を生徒に考えさせるきっかけを作り出せるものがあります。

■　次の写真をどのように捉えるでしょうか？

Example 17

(*Genius English Course I*)

　Example 17 の写真は，英語の教科書に掲載されているものです。このようななにげない写真を，とくに注意して見ることは少ないかもしれません。しかし，生徒の好奇心を高め，教科書本文の主題を深く考えさせるきっかけを作り出すヒントが隠されていることがあります。

　この写真が使われている英文テキストは，"Proud Panther"というタイトルです。アフリカのギニアに住む父と娘が登場し，教育を受けることができなかった父親が，子どもに教育を受けさせるために，村から遠く離れた学校に通わせるというものです。この本文には，片道3時間，往復6時間かけて学校に通う16歳の少女がいるという事実が書かれています。この英文の根底に流れる主題は，教育を受けることの尊さにあります。

　この写真が挿入されてる英文テキストは次の通りです。

> It isn't 8:00 a.m. yet, but Finda has already been walking for three hours. She is on her way to school — nine kilometers from her home in Kindia, Guinea. The road is slippery and rocky, and the rain turns her path into mud.　　　　　　　　　　　　　　(*Genius English Course I*)

どんな所を歩いているのか？どこに行こうとしているのか？片道3時間歩くとはどれくらいの距離なのか？自分だったらどう感じるだろうか？など，あらためてこの写真を見てみるとどうでしょうか。この写真に目を向けてみることで，本文内容の理解や思考をより深めることができそうです。

■　次の挿絵をどのように捉えますか？

Example 18

(*Vivid English Course II*)

この挿絵は，蚊の生態についての科学的な説明文で使われている挿絵です。次に示す英文テキストに，この挿絵が使われています。

> Do you know how the female mosquito decides who to bite? She chooses her victims carefully. She uses sensors to find her victims. These sensors are on her head and her legs. With these sensors, she tests your body moisture, body warmth, and chemicals in your sweat. If she likes what she finds, she bites.　　　　　　　　　　　(*Vivid English Course II*)

2.6　挿絵や写真などをよく見てみる

メスの蚊が人を刺すかどうかを決めるために，体のセンサーを使って，人間の皮膚の湿度や体温，汗の化学物質を調べているのです。この英文を読んでからこの挿絵を眺めてみると，この挿絵は，メスの蚊であることが強調されていたり，試験管や温度計を手に持って品定めしていたりしてユーモラスかつ興味深く描かれていることに気づきます。

この挿絵の意味を尋ねながら本文内容の理解を促すなど，挿絵の特徴を生かしながら読みの指導を効果的に進めることが可能です。このように，本文テキストにある挿絵や写真には本文テキストのメッセージに生徒を向き合わせるための面白い情報がつまっていることがあります。

(2) テキストとどのように関連しているかを考える

■ 次のグラフをどのように捉えますか？

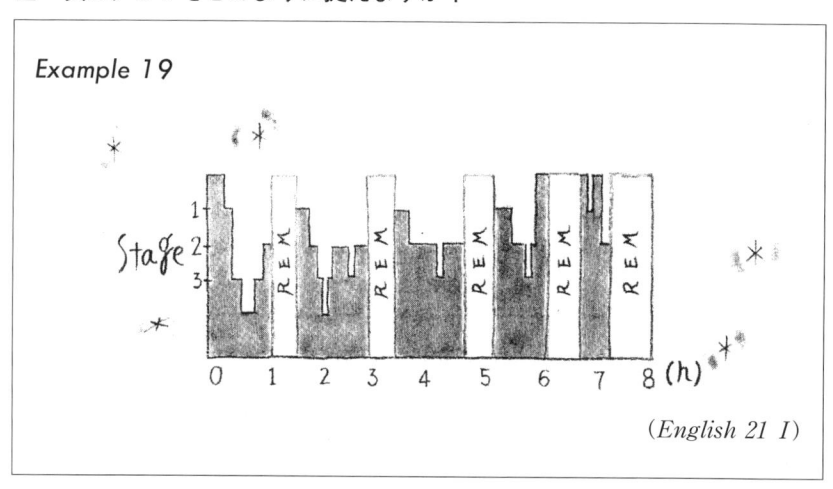

Example 19

(*English 21 I*)

このExample 19も教科書に使われている棒グラフです。この棒グラフは何を意味しているのでしょうか。このグラフが載っている英文の内容は，次の通りです。テキストからわかる情報は，眠りにはレム睡眠とノンレム睡眠の2種類があり，ノンレム睡眠には3つの段階があること。ノンレム睡眠の段階が進むにつれ眠りが深くなり，第3段階までには約30分以内に到達すること。そして，さらに30分以内にレム睡眠になり，夢を見るのはこのレム睡眠の最中であることが述べられています。

> Scientists have learned that there are two kinds of sleep --- sleep with rapid eye movement (REM) and sleep with no rapid eye movement (NREM).
>
> NREM sleep has three stages. Stage one starts when you go to sleep. You have a pleasant floating feeling. You sleep lightly and may be woken by sudden noises. In stage two, you sleep more deeply. Even loud noises may not wake you. You reach stage three within about thirty minutes. Your brain waves become smaller and longer. You reach REM sleep within another thirty minutes. Dreams happen in this kind of sleep. During sleep, REM and NREM come in turn. (*English 21 I*)

　このグラフが，テキストとどのように関連しているのかに興味をもちながら，テキストを読むことで，読みが正確になったり深まったりするものと考えられます。例えば，黒い棒グラフのところは何を意味しているのか，このグラフからいったい何がわかるのか，縦軸と横軸はいったい何を表しているのか，などテキストを読んで得ることのできる情報を，グラフの意味を捉えさせながら確認することができるでしょう。

　このようにテキストにグラフや図が出ている場合，それをどのように利用できるかを考えると指導へのヒントとなるはずです。逆に，テキストの中に数字やパーセンテージ，数の増減などが書かれているのにグラフや図が示されていない場合は，それを読み取らせてグラフ化する作業を生徒にさせてみるとよいでしょう。

(3) 挿絵や写真以外の情報にも目を向けてみよう

挿絵や写真以外にも教科書の英文テキストには情報がある場合があります。例えば，タイトルやサブタイトルなどがあります。とくに，一見しただけでは生徒が理解できないようなタイトルがついている場合，本文の英文を読む前に，タイトルの意味をクラスで考えてみることで，英文テキストへの興味をもたせる材料として使えます。

次のような教師の働きかけについて考えてみましょう。

Example 20
(1) "Landmines, the Silent Killer" という教科書のタイトルから感じることは何でしょう？
(How do you feel about the title of the text?)
(2) タイトルの "silent killer" とはいったい何でしょう？
(What do you think "the silent killer" in the title is?)
(3) なぜこのようなタイトルがつけられていると考えますか？
(Why do you think the text has a title like this?)

地雷廃絶に向けてのさまざまな取り組みに関する教材に，この "Landmines, the Silent Killer" というタイトルがついています。次のテキストは，この教材の導入部分です。

In the Samlot district of northwestern Cambodia, refugees have begun a rush to farm some land. Now that the war is over, they have a chance to leave the refugee camps and own land for the first time. They try to clear the farmland that hasn't been used before, and plant rice before the rainy season. But they know the local forests and hills are littered with landmines. "I know warning signs are all around, but this is the only piece of land I could ever have," Phat, a villager, says with a shrug. He brought his family from a refugee camp near the Thai border. He tries not to think of the danger, but the risk is often too real.

(*One World English Course II*)

タイトルになぜ"silent killer"という比喩が使われているのでしょうか。このテキストでは，地雷の埋められた土地が危険であると知っているにもかかわらず，生活のために農地をつくろうとする人々がいることが描かれています。戦争が終わった後も，どこに埋められているのかわからない地雷によって，いつ命を落とすかもしれないという，目に見えない恐怖がこのタイトルから伝わってきます。このタイトルの意味を生徒に考えさせることは，テキストの主題の理解にもつながります。

　テキスト以外の情報が何を意味しているのかを生徒が正しく理解したり，テキスト内容のより深い理解を促すためにそのような情報をうまく活用したりすることは，リーディング指導において大切なことの1つです。テキスト以外の情報のなかに面白いものがあった場合，まず教師が，それは何を伝えようとしているのか，それがテキストとどのように関係しているのか，などを深く考えてみることで，その情報の指導における価値は高くなるはずです。

2.6 挿絵や写真などをよく見てみる

●英語教育コラム(2)
協調の原則とテキスト解釈

協調の原則

コミュニケーションが成立するためには，文字通りの意味と言外に含まれる意味を理解することが必要であるとされる。文字通りの意味が円滑に伝達されるための条件として，Grice（1975）は協調の原則（cooperative principle）と呼ばれる原則を提案している。この原則には，以下のような4つの下位原則がある。

表1．協調の原則

(1) 質の原則（maxim of quality）	根拠のある真実の事柄を伝える
(2) 量の原則（maxim of quantity）	過不足のない情報を伝える
(3) 関係の原則（maxim of relation）	関連のある事柄を伝える
(4) 様態の原則（maxim of manner）	明確に，簡潔に順序立てて伝える

つまり，メッセージの伝え手が，話題に関連のある真の情報を過不足なく明確に伝えている限り，受け手は伝え手のメッセージを正しく解釈できるというものである。しかし，実際のことばのやりとりでは，上記の原則は，何らかの形で破られることが多い（小泉，1995）。原則を違反する例は，表2に示した通りである。

表2．原則違反の例

(1) 質の原則違反	真実でないことを述べ，その逆の意味を伝える場合
(2) 量の原則違反	冗漫で長い場合や短くて内容を汲み取れない場合
(3) 関係の原則違反	関係のない事柄を話題として取り上げる場合
(4) 様態の原則違反	はっきりしない言い回しや支離滅裂な表現の場合

このように原則が違反する場合，そのことばには，ある特別な意味合いが含まれることになる。(1)質の原則違反の例としては，まずい料理を口にして，

「こんなうまいものを食べたのは生まれて初めてだ」といった場合，皮肉と受けとめられる (2)量の原則違反の例としては，「老いも若きもみんな…」という表現があり，同意語を並べることで冗長になり，「みんな」という意味を強調することになる (3)関係の原則違反の例としては，「今から食事に行かない？」と誘う男性に対し，女性が「あらあの服すてきじゃない」という場合で，表面上無関係な事柄を伝えていながらも，誘いを断る意味が出てくる (4)様態の原則違反では，「香りが波のように口の中に広がる」などの例が考えられ，間接的な比喩表現を通して，本当の意味やイメージを受け手に推測させる働きが出てくる，といったことがあげられる。

このように，協調の原則のどれかを故意に違反する表現が使われると，私たちはそのことばの裏にある真のメッセージを類推する必要が生まれてくる。

テキスト解釈におけるヒント

このことは，私たち教師が，英文テキストの特徴を的確につかみ，テキストの真のメッセージを生徒に理解させる指導を考えるための有益なヒントになる。それは，テキストの中で筆者の心を感じ取ることができる部分を探し出すコツがあると捉えることができる。例えば，大げさに，あるいは，冗漫に表現されている部分は，筆者のもっとも伝えたいことが表現されていることがある。また，テキストの内容とは，無関係のようなことを突然述べているような場合や真実とは異なることを述べているような場合も，筆者の意図が込められていることがある。

このように，教師が英文テキストの特徴をつかむポイントのひとつに，筆者が意図的あるいは無意識的にある特別な意味合いを込めた語句や表現を探してみることが挙げられる。

◆参考文献

池上嘉彦（2006）『英語の感覚・日本語の感覚』東京：日本放送出版協会
Grice, H. P. (1975). Logic and Conversation. In P. Cole & J. L. Morgan (Eds.), *Syntax and Semantics: Vol. 3. Speech Acts*. New York: Academic Press.
小泉保（1995）『言語学とコミュニケーション』東京：大学書林
Widdowson, H. G. (2007). *Discourse Analysis*. Oxford: Oxford University Press.

生徒を把握し，指導目標を考えよう

▼
3.0 どのような指導を行うかを考える前に　86
▼
3.1 どのような生徒なのか把握する　88
▼
3.2 何を学ばせたいのか目標を決める　94

3

3.0 どのような指導を行うかを考える前に

■ 生徒が違えば授業も目標も異なる

　リーディング教材の特徴を捉えた後，指導する内容を考える際に大切なことがあります。それは，生徒が違えば授業が異なるということと，生徒が違えば目標も異なるという2点です。つまり，どのような生徒たちがクラスにいるのか生徒の実態を把握しておくことと，その生徒たちに対してどのような指導目標を立てて指導するのかということが，授業を考える上でとても大切になってきます。ここでは，生徒の把握の仕方と指導目標の立て方について考えてみましょう。

■ しっかりと生徒を把握しましょう

　私たち教師は，生徒たちのことを意外と知りません。クラスの生徒が所属する部活動や趣味を知らなかったり，生徒の読む力を把握していなかったりするものです。部活動や趣味など，生徒のことを少しでも知っていると，その生徒が興味を示す問いをつくることは難しくありません。どのように教材と生徒たちの接点がつくれるかそのヒントが見つけやすくなるからです。どのような話題のときに，生徒たちが興味をもってくるかを授業の準備段階で予想できるはずです。

　また，生徒の現時点での読む力や語彙力などを把握することができていれば，生徒たちの力に適した指導方法を考えやすくなります。授業をするクラスの生徒を思い浮かべ，あの生徒であればどのように答えるだろう，この生徒ならどこでつまずくだろう，と事前に予想してみるのです。

　同じ内容の授業をするにしても，クラスによって問い方を変えてみる必要も出てくるでしょう。既習事項をどの程度確認する必要があるのか，動詞の活用といった基礎をもう一度丁寧にやる方がよいのか，それとも応用へと進んだ方がよいのかといったことをあらかじめ把握しておいたり，生徒とのやりとりの中で指導に関するアイデアが浮かんだりすることはとても大切です。

図1．生徒と目標の捉え方

捉え方が合っていない　　　　　捉え方が合っている

■　生徒に合った目標を考えましょう

　生徒の実態が把握できていないと，指導目標をはっきりさせることができないまま，教科書をなんとなくこなしていたり，忙しい日々に流されるままに教科書を扱って，何をどこに向かって指導しているのかわからなくなったりします。逆に，生徒の実態がしっかりとつかめていれば，どのような指導が生徒に必要なのか，どこに向かって指導すべきなのかなど目標がはっきりしてきて，目標に沿って指導内容を工夫することができるでしょう。

　この章では，生徒の実態把握と指導目標の設定の仕方について具体的に見ていくことにします。

3.0　どのような指導を行うかを考える前に

授業展開を考える前に重要なこと

- ☐　どのような生徒なのか把握する
- ☐　何を学ばせたいのか目標を決める

第3章　生徒を把握し，指導目標を考えよう

3.1 どのような生徒なのか把握する

　教材である英文テキストと実際に格闘するのは，生徒たちです。教材研究には，生徒の実態を把握することも含まれます。例えば，これまでどのようなことを学習し，まだどのようなことができていないのか，与えられた教材に対しどのような反応を示すのか，どのようなことに興味を示すのか，などを予想してみることは，目標設定や授業展開を考える上で役立つはずです。そこで，まずは目の前の生徒たちがどのような生徒たちなのかをしっかりと把握してみましょう。

(1) クラスの実態を考えてみよう
　どのようなクラスで，どのような生徒たちを相手にして指導するのかを具体的にイメージしてみると，指導のアイデアが湧いてきます。ここでは，生徒にどのようなリーディング力があるのかを考える前に，クラスの実態をしっかりと把握してみましょう。次の頁のチェックリストをもとに，みなさんのクラスの実態をイメージしチェックしてみてください。

クラスの実態チェックリスト

これから教えるクラスの実態について次の項目をチェックしてみましょう。

　　　　　　　　　　　　　そう思わない　　　　そう思う

①明るいクラスだと思う
②騒がしいクラスだと思う
③教師の指示をよく聞く
④反応がよい
⑤ペアやグループが作りやすい
⑥教科書の教材が好きである

　このように項目をチェックしてみると，クラスの実態を客観的に捉えることができます。どのような特徴があるクラスかを把握してみることで，そのクラスでの指導の対策を考えることができるはずです。例えば，生徒たちは明るく活発なクラスであるが，騒がしいという場合があります。そのような場合は，教師がルールをつくって，生徒たちをうまくコントロールしていくことで，そのクラスの良さを生かしていくことができます。また，教師の働きかけに対する生徒の反応がよくなく，教材に対する興味も低いようなクラスの場合，教師の発問を工夫することで，生徒の心を開かせ，教材に対する興味関心を引き出すことができるかもしれません。

　目の前のクラスの生徒たちが今，停滞しているのか，騒がしいのか，興味をもって授業に向かっているのか，などの実態を客観的に捉えることで，どのように指示し，どのような発問を投げかけ，どのような説明をするか，などの対応を考える出発点になるはずです。

3.1 どのような生徒なのか把握する

第3章　生徒を把握し，指導目標を考えよう

(2) 生徒たちの読みを予想してみよう

　クラスの実態をイメージしてみたら，次に大切なこととして，生徒がテキストをどのように読むかについて前もって予想することが挙げられます。

　生徒たちが，どのような読み手なのかをしっかりと把握してみましょう。次のチェックリストをもとに，皆さんの生徒たちの読解力をイメージし，項目をチェックしてみてください。

読み手としての実態チェックリスト

生徒の読解について次の項目をもとにチェックしてみましょう。

	そう思わない　　　　そう思う
①教材を読む目的が明確であるか	┝━━┿━━┿━━┥
②教材の話題に関心がありそうか	┝━━┿━━┿━━┥
③話題に関する背景知識はあるか	┝━━┿━━┿━━┥
④本文の語彙は生徒に合ったレベルか	┝━━┿━━┿━━┥
⑤本文の文構造を理解できそうか	┝━━┿━━┿━━┥
⑥段落の構造を理解できそうか	┝━━┿━━┿━━┥

　このように，テキストを読ませるときに考えるべきこととして，その題材について生徒はどのような知識をもっているのか，何のためにそのテキストを読もうとしているのか，どの程度読む構えが出来ているのか，その内容について興味をもっているのかどうかなど，生徒のもつ知識・目的・興味などといった読み手側の要素があります。その上で，興味を喚起できるポイントや理解の確認が必要であると思われる箇所，そして，つまずきが予想できる箇所などを予め考えておくことは，生徒への働きかけを考え出す際のヒントになってきます。

(3) 生徒の実態をつかむ方法をイメージしてみよう

　では，次の英文テキストを使った授業をする場合で，生徒の読み手としての実態をつかむ方法を具体的にイメージしてみましょう。

> *Example 1*
> 　When Pelé was a child, he was very poor. He made his own soccer balls from cloth. He practiced very hard. When he was only 17, he played in his first World Cup final. During his career, he scored 1,281 goals. He led Brazil to three World Cup victories. His success gave hope to many people around the world.
> 　　　　　　　　　　　　　　　　　　(*All Aboard! English I*)

■　読んでみたいという意欲があるかを考える

　読者の皆さんが教える生徒たちは，この英文テキストを主体的に読んでみたいと思うでしょうか。もしサッカーにそれほど興味がなければ，この英文テキストを読む理由や動機が見当たらないかもしれません。もしそうだとすれば，どのようにこの英文テキストを生徒に読ませようとするでしょうか。テキストを読ませる前の段階で何らかの工夫が必要になってきます。生徒の読みへの意欲を考えてみることは，次に見ていくように，生徒の読む意欲をどのように高めるかを考えてみることにつながります。

■　どのような背景知識をもっているかを考える

　まず，生徒は，ペレのことをどれくらい知っているでしょうか。ほとんどの生徒は，ペレのことを知らないかもしれませんが，サッカーに関心のある生徒であれば，ペレの名前や彼の活躍を知っている可能性があります。クラスには，サッカー部の生徒がいるでしょうか。ペレを知っていそうな生徒はいるでしょうか。もしサッカーに詳しい生徒がクラスにいるとすれば，授業の中でどのように活躍させるか，などを具体的に考えることができます。また，ペレを知っている生徒がいない場合は，サッカー部の顧問の先生にペレとは誰か，その先生がペレをどのように思っているのか，などを聞いてみると，この題材に対する生徒の興味関心を高めるきっかけを見つけることがで

きます。

■ どのようなスキルが身についているかを考える

　生徒はどのような読解スキルを身につけているでしょうか。逆に，どのような読解スキルをまだ身につけていないでしょうか。指導を考える上で，生徒の読解スキルの有無についても考える必要があります。次のチェックリストをもとに，生徒の読解スキルについてチェックしてみましょう。

生徒の読解スキルチェックリスト

生徒の読解力について次の項目をもとにチェックしてみましょう。

- □ そのジャンル（説明文や物語文など）に慣れているか？
- □ 新しい語彙の意味を文脈から推測できそうか？
- □ 本文を一読すれば，大意を読み取ることができそうか？
- □ 一文ずつの意味を取ることはできそうか？
- □ 必要な情報を読み取ることができそうか？
- □ パラグラフの構成を踏まえ，全体の意味を理解できそうか？
- □ テキストに一貫したメッセージを読み取ることができそうか？

　生徒の英語力にもよりますが，語彙や文構造の知識が十分でなく，一文一文の意味を取ることが難しいレベルの生徒であれば，Example 1 のような文において，「英文の中で，ペレの凄さがわかるところはどこか？」，「1,281の数字の意味するものは何か？」などのように，必要な情報をポイントを絞って読ませる工夫が考えられます。逆に，一文ずつの意味を理解することはできても，文章全体を通しての一貫したメッセージを読み取ることを苦手としている生徒が多い場合は，「なぜペレは世界の人々に希望を与えたのでしょうか？」のように要旨を押さえさせる工夫が必要になってきます。このように，どのようなスキルを身につけ，逆にどのようなスキルを苦手としているかによって，苦手としている読解スキルを重点的に指導することになります。

このように生徒の実態を前もって考えておくと，もし生徒に興味や背景知識がない場合であったとしても，どのように生徒に働きかければ，このテキストを読む動機を生徒に与えることができるかを具体的に考えるきっかけになります。

> **Q & A BOX**
>
> **Q.** 授業中に私語が多くなり，授業が騒がしくなります。どのように考えればよいのでしょうか。
>
> **A.** 私語には，授業に関連している私語と授業には関連していない私語の2つがあります。前者のような授業に関連した私語が多く，生徒からの発言が多いような授業では，生徒はその授業に対して心を開いている良い状態であると捉えることができます。
> 　一方，授業には関連していない私語で，教師が騒がしいと感じるような場合があります。たとえば，教師や友達が発言しているときに，騒がしくしてその発言を静かに聞く態度ができていないようなときです。そのような場合には，教師が明確にルールを示すことが必要です。(1) 先生が話し出したら必ず聞くこと，(2) 先生が皆に質問したらすぐに話し出すのではなく，手を挙げて指名されてから話をすること。(3) 友達が指名されて発言しているときには，しっかりと聞くこと，です。授業が騒がしくなったら，このようなルールを確認しましょう。それを繰り返し定着させていくことで，うまく統制をきかせつつ，発言も促すことができます。友達と相談させるときなどは，私語を許す場面もつくっていきましょう。

3.1 どのような生徒なのか把握する

3.2 何を学ばせたいのか目標を決める

(1) 指導目標を決めると指導内容が決まる

　授業の目標をしっかりと立てることは，リーディング指導の準備としてもっとも大切なことです。目標がはっきりしてはじめて，どのような指導をするか，どのように評価するかが決まるからです。しかし，実際の学校現場は多忙なこともあり，教師は悩みながら指導にあたることも多いようです。では，教師が目標を考えるにあたりどのような悩みがあるか次のリストをチェックしてみましょう。

目標設定に関する教師の悩み

今，教師として悩んでいることにチェックしてみましょう。

- ☐ レッスンの最後まで教科書を通して読まずに指導することがある
- ☐ 今日の授業での重要ポイントを明確にすることがうまくできない
- ☐ 今日の授業の目標は教科書を終えることのみである
- ☐ レッスン全体で身につけさせたい力をあまり考えたことがない
- ☐ 生徒が将来的に身につけてほしい力をイメージできない

　このように目標設定に関する課題が多いものです。このような教師の悩みの解決策としてもっとも大切なことは，逆算の発想をすることにあります。今日の授業を考えるために，最終的なゴールをしっかりとイメージしましょう。ゴールをイメージするとは，どのようなことを生徒に身につけてほしいのか具体的にイメージすることです。そこから逆算をして目標に到達するために必要なステップを考えていけばよいわけです。

図2．目標設定のイメージ

☐ 教師の願い

教師の願いとは，このような人になってほしいという生徒に対する教師の期待です。学年を通して，あるいは，卒業後の進路や社会人としての活躍といった長期的な視野に立ちます。

☐ 単元のねらい

単元のねらいとは，教科書のワンレッスンにおいての具体的な到達目標を指します。単元およびレッスンで何を目標として指導するかという視点で考えます。

☐ 授業の目標

授業の目標とは，1時間ごとの授業目標を指します。何を指導目標として1つの授業を行うかを明確にします。

☐ 展開のポイント

展開のポイントとは，1つの授業の中での展開ごとの指導ポイントを指します。展開ごとに考えさせたい事柄や押さえておきたい事柄を明確にします。

このように，長期的な視点での願いをもちつつ，単元のねらいを定め，1時間の授業目標を設定し，展開ごとのポイントを明確にしましょう。指導目標が決まれば，どのように生徒の成長を支援していけばよいのか指導方法が決まってきます。

(2) 指導目標を決める力をつけよう

生徒たちにどのような力を身につけさせるかを考えようとしても，目標がうまくイメージできないことがあります。そこで，指導目標には様々なタイプがあることを知っておくことは，指導目標を立てるために極めて重要です。ここでは，指導目標を立てる上で役立つ2つの視点を見てみましょう。この2つの視点を十分に理解すれば，目標設定の方針もしっかりとしてきます。

■ 情意・技能・認知の3つの領域という視点

Bloom, et al.（1971）は，教育目標を3つの領域に分類しました。それによると，教育目標は，次の3つの領域に区分されます。

1）関心・意欲・態度などに関わる情意的領域（affective domain）
2）技能に関わる精神運動的領域（psychomotor domain）
3）知識・理解に関わる認知的領域（cognitive domain）

Bloomらは，この分類に基づいて指導がなされれば，偏りのないバランスの取れた内容の習得が可能になると考えました。わが国の学習指導要領もこの教育目標の3つの領域に基づき，とくに英語教育では，次に示すように①から④の4つの観点が示されています。

表1．教育目標の領域と4つの観点

1）情意		①コミュニケーションへの関心・意欲・態度
2）技能		②理解の能力（聞く・読む）
		③表現の能力（話す・書く）
3）認知		④言語や文化についての知識・理解

このような①関心・意欲・態度，②理解，③表現，④知識・理解といった4つの観点を，リーディング指導の単元のねらいを設定する上で役立つように例示したものが次の図3です。

図3．単元のねらいの具体例

☐ 関心・意欲・態度

○トピックに関心をもち積極的に読み進めようとする
○筆者の考えがどのように表現されているかに気づく
○登場人物の生き方について深く考えようとする

☐ 理解の能力

○話題に関する情報を時間内に正確に読み取ることができる
○登場人物の描写から心情を推測して読み取ることができる

☐ 表現の能力

○論理構成を考えながら，段落ごとに筆者のメッセージをまとめることができる
○筆者の考え方に対し自分の意見を英語で表現することができる

☐ 知識・理解

○どのような文脈で強調構文という表現が使われるのか理解できる
○パラグラフ内の構成とパラグラフ間の関係について理解することができる
○日米文化における断わり方の違いについて理解を深めることができる

3.2 何を学ばせたいのか目標を決める

■ コミュニケーション能力という視点

　英語教育における最終的な目標は，英語を使ったコミュニケーション能力の育成です。この「コミュニケーション能力」を具体的にイメージできなければ，明確な指導目標を立てることは容易ではありません。では，いったい何をもとにして指導目標を考えればよいでしょうか。ここでは，リーディング力をコミュニケーション能力の1つであると考え，コミュニケーション能力という観点から授業目標を考えることにします。

　コミュニケーション能力の捉え方にはさまざまなものがありますが，Canale (1983) は，代表的な捉え方として，文法能力，談話能力，社会言語能力，方略能力の4つの要素から構成されるものとして考えました。

表2．コミュニケーション能力の下位要素

　(1) 文法能力（grammatical competence）
　(2) 談話能力（discourse competence）
　(3) 社会言語能力（sociolinguistic competence）
　(4) 方略能力（strategic competence）

　文法能力（grammatical competence）とは，語彙や文法の知識を使い，センテンス内の意味を正しく理解する力を指します。談話能力（discourse competence）とは，センテンスを超えたレベルで，文のつながりや一貫したメッセージを正しく理解する力を指します。社会言語能力（sociolinguistic competence）とは，どんな場面で，誰が相手で，何が目的かを把握し，筆者の伝えるメッセージを適切に理解する力を指します。方略能力（strategic competence）とは，自分の知識や力の限界をうまく補って，書き手の伝えるメッセージを効率よく理解する力を指します。

　これらの4つの要素をバランスよく育成することが，コミュニケーション能力としての豊かなリーディング力の育成につながると考えられます。この4つの要素をリーディング指導における指導目標の設定に役立つようにまとめたものが次の図4です。

図4．コミュニケーション能力の視点からの授業目標の例

☐ 文法能力の育成
　○仮定法過去の意味を理解することができる
　○強調構文の意味を理解することができる

☐ 談話能力の育成
　○物語の4つの展開ごとに時間を追って何が起きたかをつかむことができる
　○本文中の接続詞を理解し，本文の主張を正しくつかむことができる
　○パラグラフの論理関係を正しく理解して文章の主旨を理解することができる

☐ 社会言語能力の育成
　○物語全体を通して，どのような主題が背後にあるかを読み取ることができる
　○具体的な事実をもとに，筆者は何を説得しようとしているか理解することができる
　○蚊の生態の意外さを面白く読者に伝えようとしている表現を理解することができる

☐ 方略能力の育成
　○本文で述べられているインターネットの長所について3分以内で4つ探し出すことができる
　○未知語の意味を文脈から推測してメッセージを理解することができる

■　指導目標を選ぼう

　指導目標を立てる上で大切な2つの視点を見てきました。少しでも，目標の捉え方が広がると，指導に関しても柔軟な考え方ができるようになります。しかし，ここで気をつけておきたいことは，すべてを盛り込もうとしすぎないことです。例えば，1つの授業ですべての領域に配慮しようとしたり，4つの能力すべての育成を目指した展開をしようとしたりして，何がポイントだかよくわからなくなってしまうことは避けたいものです。そのためにも，教材の特徴や生徒の実態に合わせて，最も適する目標を選び，生徒にどのような活動をさせるのかを具体的に計画をすることが大切です。

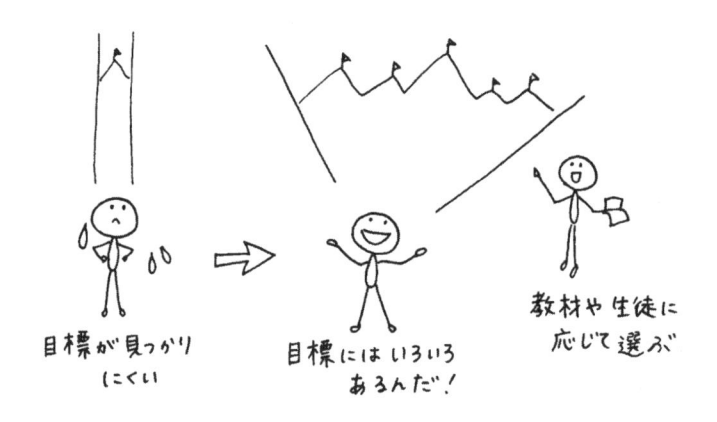

目標が見つかりにくい　→　目標にはいろいろあるんだ！　教材や生徒に応じて選ぶ

(3)　見通しをもって指導計画を立てよう

　次の授業の準備で精一杯という場合は，英語の授業計画に目的を絞った計画表を持つと良いでしょう。1週間分，4週間分，と見開きでわかるような表を作成しておくと，とても便利です。次の授業，その次の授業，という短期的な見通しだけでなく，1週間，1か月，1学期分という長期的な見通しを立てられるようになります。学校行事や学年行事などで，授業がない日も記入しておけば，担当しているそれぞれのクラスでの定期試験までの授業時数を把握することができます。そうすれば，時間を無駄にすることなく，ある程度のペースを保つことができます。時間をかけるべき内容に焦点を当てたり，表現活動を丁寧に扱うことができます。導入や展開の仕方などのポイ

図5．スケジュールの例

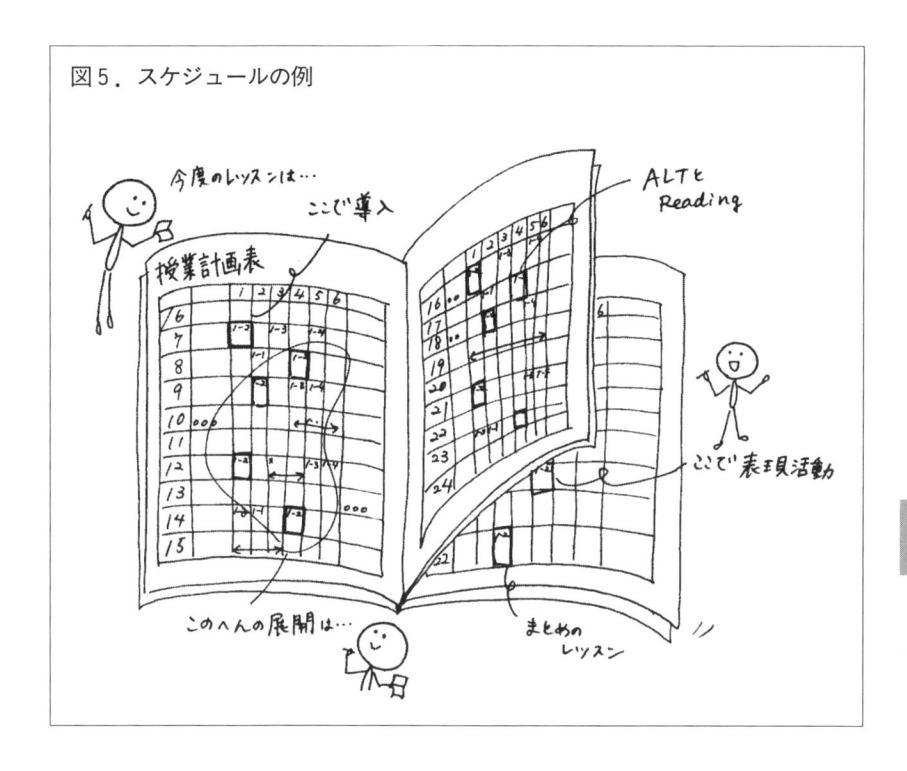

ントをあらかじめ考えたりするなど，指導目標をしっかりと見据えた上での指導内容を計画することができます。このように，時間的な見通しが立つことで，教師の方にも余裕がでてくる，ということが最大の利点かも知れません。

また，学校の規模や生徒数にもよりますが，1つの学年を複数の教員で担当している場合があります。英語教師同士で共通理解を図ることができるようにする体制を整えましょう。ある程度，年間スケジュールを立てておくことができれば，ALTとの授業も効果的に進められます。何度も会議を開くことが難しい場合は，学年ごと，または学期ごとにリーダーを決めてリーダーシップをとりやすくしておくと良いでしょう。

● 英語教育コラム(3)
リーディングのプロセスとストラテジー

リーディングにおけるプロセス

　読むという行為は極めて複雑な認知プロセスである。リーディング研究では，リーディングのプロセスには，解読（decoding）と理解（comprehension）の2つのレベルの処理があると捉えられている（Koda, 2005；門田, 2007）。

表1．リーディングにおけるプロセス

レベル	下位処理
解読（decoding）	(1)文字認知（word recognition）
	(2)語彙処理（lexical processing）
理解（comprehension）	(3)統語処理（syntactic processing）
	(4)談話処理（discourse processing）
	(5)スキーマ処理（schema processing）

　その2つのレベルには，それぞれ下位処理がある。解読のレベルには，文字認知，語彙処理があり，理解のレベルには，統語処理，談話処理，スキーマ処理がある。文字認知（word recognition）とは，単語を知覚しスペリングを認知する処理を指す。語彙処理（lexical processing）とは，語彙情報を検索し，語の意味などにアクセスすることを指す。統語処理（syntactic processing）とは，文の文法的な構造を把握し，文の意味を解釈する処理のことである。談話処理（discourse processing）とは，文と文との論理関係やテキストの結束性や一貫性をもとにテキスト全体の意味を解釈する処理を指す。スキーマ処理（schema processing）とは，読み手がすでに持っている背景知識を活用して，文の意味内容を推測する処理を指す。

　これらの下位処理は，ボトムアップ処理（bottom-up processing）とトップダウン処理（top-down processing）といった2つの方向性が考えられている。ボトムアップ処理とは，語彙や文・談話といったテキストから得られる言語情報を積み上げメッセージを読み取る処理を指す。一方，トップダウン処理とは，読み手の頭の中にあるトピックや談話構造に関するスキーマを活用し，テキストの意味を推測しながら読み進める処理を指す。一般的には，ボトム

アップ処理でメッセージを理解できない場合，トップダウン処理が作動し意味を推測しながら読み進める，といった相補関係にあると考えられている(Grabe and Stroller, 2002)。

リーディング・ストラテジー

ここまで述べてきたプロセスは，一般的に，学習者の無意識下で行われる心的操作であると考えられている。一方，テキスト理解という目的のために学習者が意識的に用いる心的操作は，リーディング・ストラテジー（reading strategies）と呼ばれる（Paris, et al., 1983）。例えば，背景知識の活用，タイトルからの内容の推測，概要把握読み（skimming），検索読み（scanning），文脈からの語意の推測，指示語の理解，語形からの意味推測など，が含まれる。表1に挙げた下位処理に対応する多種多様なストラテジーがあると考えられている。

このように，リーディングという行為は多層的なプロセスから構成されたものであることを教師が理解し，実際の読解の中ではストラテジーが利用されるということを理解しておくことは，リーディング指導において極めて有効である。教師が発問によってどのようなサポートができるのか，生徒がどのプロセスでつまずいているのかを察知し，どのようなヒント情報を生徒に提示するべきかなどを考えるのに有効であるからである。

このように見てくると，発問とは，リーディング・ストラテジーを学習者に意識させ，それを通して，リーディングスキルを育成しようとする試みの1つであるとも捉えることができる。

◆参考文献

Grabe, W. and Stroller, F. (2002). *Teaching and Researching Reading*. London: Pearson Education.

門田修平（2007）『シャドーイングと音読の科学』東京：コスモピア

Koda, K. (2004). *Insights into Second Language Reading*. Cambridge: Cambridge University Press.

Paris, S. G., et al. (1983). Becoming a strategic reader. *Contemporary Educational Psychology, 8*, 283-316.

生徒の読みを導く発問を
つくろう

▼

4.0　リーディング指導の展開を押さえよう　106

▼

4.1　導入：教材に対する生徒の心を開く　108

▼

4.2　理解：メッセージの正確な理解を促す　118

▼

4.3　思考：本文内容の理解を深める　130

▼

4.4　表現：本文内容をもとに表現させる　146

4.0　リーディング指導の展開を押さえよう

■　リーディング指導の展開

　リーディング指導は，一般的に，事前活動（pre-reading），事中活動（while-reading），事後活動（post-reading）の３つの段階に分けられます。それをもう少し英語授業の展開をイメージしやすいように，(1) 導入　(2) 理解　(3) 思考　(4) 表現の４つの段階に分け考えてみましょう。そうすると，これらの段階ごとに発問の役割や目的を理解しやすくなります。この一連のサイクルをしっかりとイメージすることにより，教科書を中心にした授業展開を考えることができるようになり，学習した内容を活用させる力を育成することを視野に入れた指導ができます。

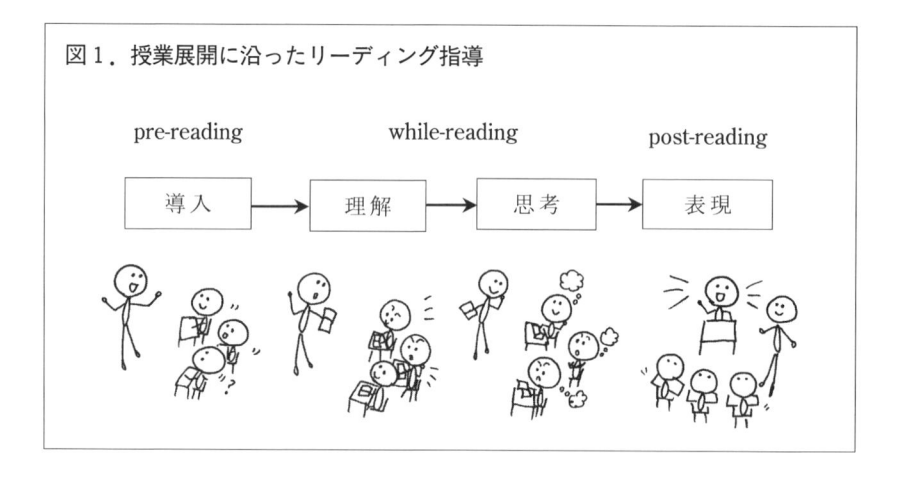

図１．授業展開に沿ったリーディング指導

pre-reading　　　while-reading　　　post-reading

導入　→　理解　→　思考　→　表現

■　導入の段階：教材に対する生徒の心を開く

　導入の段階は，pre-reading活動にあたります。新しい教材や題材と生徒との出会いをつくり，これから読む英文テキストへの動機を高めるためのものです。導入の段階で教材に生徒が興味をもつことができれば，意欲的に授業に取り組み，その後の授業展開はスムーズなものになります。

■　理解の段階：メッセージの正確な理解を促す

　理解の段階は，while-reading活動の基本にあたり，テキストの内容を正しく理解させるためのものです。語彙や文法，構文，文章構成などの理解はもとより，意味内容を正確に捉えさせることになります。理解の段階での働きかけを工夫できれば，主体的にテキストを読み進み，正確に理解できるように生徒を導くことになります。

■　思考の段階：主題を通して読みを深める

　思考の段階は，while-reading活動の発展にあたり，教材や題材の内容について発展的に生徒に考えさせるためのものです。テキストに書かれている事実を理解するだけではなく，テキストの背後にある主題を読み取ったり，語句の背後にある筆者の考え方を考えたりして，読みを深める段階です。基本的な内容理解だけでは読み取れない部分に焦点をあてることで，異なる角度からもう一度テキストを読ませることができます。

■　表現の段階：本文内容をもとに表現させる

　表現の段階は，post-reading活動にあたり，教材の表現や内容をもとに生徒の考えなどを表現させるためのものです。テキストから学んだことを活用する段階でもあります。この段階まで十分に視野に入れて発問をしておくことで，自分の考えや意見を述べる活動がスムーズになり，生徒も使えそうな語句や表現を探すために何度もテキストを読み返すことになります。

　このように，授業展開に従って，指導を考えることで，効果的，かつ，計画的に生徒の読みを導くことができます。英文テキストに興味をもたせ，正しい理解を導き，深い思考を促し，豊かな表現を引き出すために，教師はどのように生徒に働きかけていけばよいのか，次の頁から具体的に見ていくことにしましょう。

4.0 リーディング指導の展開を押さえよう

第4章　生徒の読みを導く発問をつくろう　　107

4.1 導入：教材に対する生徒の心を開く

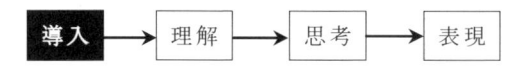

導入 → 理解 → 思考 → 表現

■ 導入とは？

　生徒が主体的に授業に取り組み，授業をいつもよりスムーズにできた経験はないでしょうか。それは，これから読むテキストの導入がうまくできたことが理由であることが考えられます。リーディング指導における導入とは，新しい教材と生徒との出会いをつくり出すことです。どのような出会いをつくるかで，その後の生徒の読み方が大きく異なります。テキストをうまく導入できれば，生徒は意欲をもってテキストを読み始めます。レッスンの最後まで読む持続的な姿勢をつくることもできます。リーディング指導を方向づける最も大切な役割があるのが，導入での発問です。

■ 良い導入とは？

　では，リーディング指導における良い導入とはどのようなものでしょうか。Nuttall (2005) は，良い導入の特徴を次のように述べています。

- ☐ 時間が短い
- ☐ テキストを読みたいと思わせる
- ☐ テキストと生徒の接点を感じさせる
- ☐ テキストを読めば分かることは説明しない

　導入によくあることですが，導入が長すぎて間延びしてしまうことがあります。逆に，教師が内容を説明し過ぎることなく，内容を読みたくなるような導入を端的にできれば，生徒の読む意欲を高めます。また，これから読むテキストと自分がどう関連しているかを感じさせることができれば，生徒の好奇心は高まります。ここでは，導入での発問のコツを見ていきましょう。

導入で使える発問パターン

- □ あなたは〇〇〇ですか？（Yes/No）

  主題を直接生徒に考えさせるための問いです。
  例）「占いが好き？」「トマト料理は好き？」など

- □ 〇〇〇を見て，何か気づいたことがある人は？

  主題と関連あるものを見せ，興味を引きつけます。
  例）「夜の地球の写真」「モネの絵」など

- □ あなたは〇〇〇したことがありますか？

  生徒の経験と主題を関連させることで，教材が身近なものになります。
  例）「ある人に憧れたこと」，「長蛇の列に並んだこと」など

- □ 〇〇〇だと思う。YesかNoか？

  生徒の先入観を問い，テキストを読み進めるうちに発問の意図に気づかせるものです。
  例）「卵を押したら割れると思う？」

- □ どれが〇〇〇でしょうか？　a), b), c)

  いきなり尋ねても答えが出にくいような問いは，選択肢を与えて考えさせることで，スムーズになります。

導入発問をつくるコツ

- □ まず，教材に対する生徒の心を開く
- □ 写真などを使って教材を身近なものにする
- □ テキストを読めば解ける謎をかける
- □ 英文テキストの主題への伏線をはる

4.1 導入：教材に対する生徒の心を開く

第4章　生徒の読みを導く発問をつくろう

(1) まず，教材に対する生徒の心を開く

次の英文テキストを使って生徒の読む動機を高めるために，読者の皆さんであれば，導入の段階でどのようなことを行うでしょうか。

Example 1

John Lennon is often referred to as a musician who influenced his generation. His thought and music still appeal to people around the world. Even those who are not familiar with his name may have heard his song, "Imagine". John wrote the song at the age of 30, and it made him famous as a man who wanted the world to have 'love and peace'.

Before he found this ideal, he had experienced the struggle and anguish of growing up. He had always been looking for himself. If we describe him in those days, he was a 'nowhere man' just like many other teenagers : he was a mirror of youth.

(*Exceed English Series II*)

この英文テキストは，p.36 で扱った同じテキストの中の異なる一部分です。生徒の実態から考えると，今の生徒は，もしかするとジョン・レノンという人物に馴染みがないかもしれません。

ジョン・レノンという題材を生かして，次のような導入を行ってみることが考えられます。

Example 2

(1) Do you know John Lennon? Who is he?
(2) Do you know any songs he wrote?
(3) 〈ジョン・レノンの曲 "Nowhere Man" の入ったCDを題名を言わずに曲の一部分だけ聴かせる〉
(4) What kind of song is this? Guess from your impression of this song.

この英文テキストのタイトルであるジョン・レノンの曲 "Nowhere

Man" を実際に生徒に聴かせてみるのです。生徒はテレビのCMか何かで聴いたことのある曲です。もちろん聴いたことがなくても全く構いません。生の音楽を実際に聴いてみるということがポイントです。音楽を聴くことで，読みへのハードルを下げることになるからです。

同時に，「この曲は楽しい内容の歌でしょうか？」などと，テキストの主題について考えさせてみることも可能です。この曲は，深い内容とは裏腹に軽快なつくりの曲であることから，生徒は楽しい内容の歌であると感じるはずです。テキストを読み進めるうちに，苦悩の人生がジョンの曲ににじみ出ていることに気づくはずです。

導入の成否は，まずは，新しい教材の面白いポイントを見つけ，その教材に対して生徒の心を開くことができるかどうかにあります。テキストに対して生徒は自然な形で興味をもつように，テキストの深い内容を導入段階ではとくには述べず，テキストのメッセージを生徒に探らせるきっかけを与えることにあります。生徒の読む目的を与えるのと同時に，読みを進めるなかで，生徒のハッとする気づきをもたらす効果が期待できます。

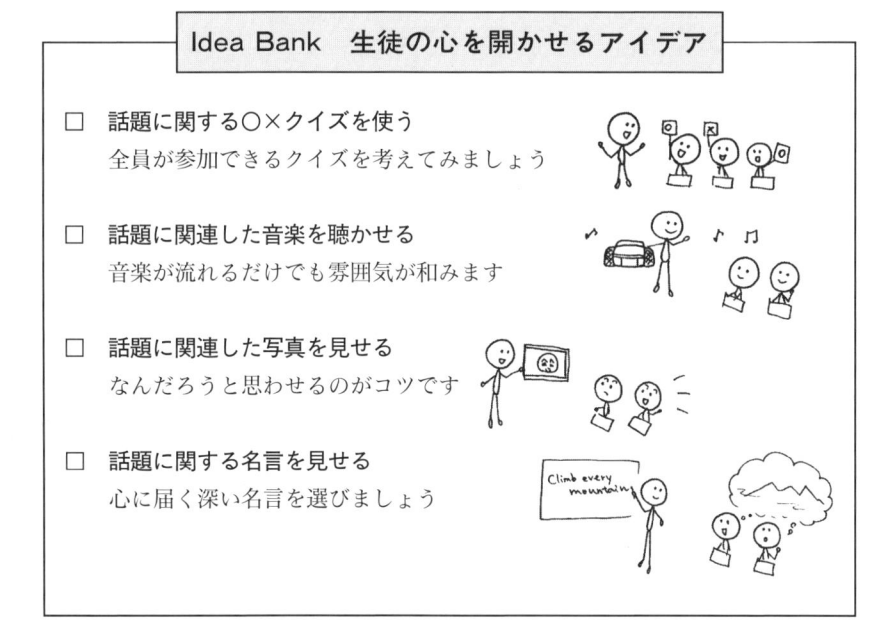

Idea Bank　生徒の心を開かせるアイデア

☐ **話題に関する○×クイズを使う**
　全員が参加できるクイズを考えてみましょう

☐ **話題に関連した音楽を聴かせる**
　音楽が流れるだけでも雰囲気が和みます

☐ **話題に関連した写真を見せる**
　なんだろうと思わせるのがコツです

☐ **話題に関する名言を見せる**
　心に届く深い名言を選びましょう

4.1 導入：教材に対する生徒の心を開く

第4章　生徒の読みを導く発問をつくろう

(2) 写真などを使って教材を身近なものにする

　文字情報ばかりの英文テキストの場合，いかにも授業は退屈になりそうです。導入の段階で，写真などの視覚資料を工夫して使えば，テキストの題材に対する生徒のイメージは具体的に膨らみます。ここでは，第2章のExample 16 (p.72) で扱った英文テキストを導入することを想定してみます。

　教科書に載っているアマゾンの熱帯雨林の保護を訴え続けた活動家，チコ・メンデスの顔写真を使ってどのような導入ができるでしょうか。アマゾンの熱帯雨林などは，生徒にとっては，身近なものではありません。そこで，どのように導入をすればよいか，いろいろ考えられますが，例えば，次のようなシンプルな問いでも，この題材に対するイメージを豊かにさせることができます。

Example 3

〈チコ・メンデスの顔写真を拡大して示しながら〉

(1) Guess where he is from.

(2) How old is he?

(3) Does he have a family?　How many kids does he have?

(4) What kind of person is he?

　このように，顔写真から主人公のことを少し想像させてみるだけでも，生徒にとって身近な話題に変わってきます。この段階では，生徒に答えを教えなくても，どんな人なのか，何をした人なのか，結局，この人はどうなったのか，など予測を確認しながら読み進める動機が生まれてきます。

　一枚の写真を使って，教師の問いをちょっと工夫してみるだけでも，生徒の心を揺さぶる導入になります。生徒は，その教材や題材の本質に，導入段階で集中することができるはずです。

Idea Bank　教材を身近なものにするアイデア

☐　実物を持ってきて見せる
　　〈ブラックペッパーに関する説明文で〉
　　様々なスパイスを持ってきて，味やにおいを生徒に確かめさせる

☐　翻訳の入った洋画のビデオを見せる
　　〈映画セリフ翻訳家に関する伝記文で〉
　　取り上げられている映画の一場面を見せ日本語のセリフを考えさせる

☐　投球シーンの入ったビデオを見せる
　　〈片腕大リーガー投手に関する伝記文で〉
　　その選手が実際に投げている姿をビデオで見せてみる

4.1　導入：教材に対する生徒の心を開く

第4章　生徒の読みを導く発問をつくろう

(3) テキストを読めば解ける謎をかける

　導入の段階の役割は，英文テキストを読む生徒の動機を高めることにあります。そのためには，生徒がぜひ読んでみたいと思わせるような疑問をもたせることが大きなポイントです。その方法の一つとして，導入の段階で，生徒になんだろう？と思わせるような英文テキストの主題や題材に関連する問いを投げかけることが考えられます。ここでは，その方法を具体的に見てみましょう。

　Example 4 は，p.80 で扱った教科書（*One World English Course II*）に掲載されている写真を使い，導入している例です。写真の拡大コピーを半分に折り，あえて下半分を見せながら導入をしています。

Example 4

● 〈子どもたちが座って何かの話を聞いている写真〉

● What kind of people can you see in this picture?
● How old do you think they are?
● What are they watching?
● What kind of attitude do they have? Bored? Interested?

　写真を見せて，どんな子どもたちか，何を見ているのか，どんな様子か，などを考えさせ，イメージを膨らませています。おそらく生徒たちの多くは，この写真の子どもたちが紙芝居か何かを見ていると想像するでしょう。そこで，「では，英文を読んでいきましょう」とリーディングに入っていきます。すると，英文テキストを読み進めていくうちに，子どもたちが地雷の説明を受けなければいけない悲しい現実があることを認識するはずです。

　英文テキストの題材について，導入段階で教師がすべて生徒に伝えてしまったのでは，テキストを読む必要性がなくなってしまいます。導入のポイ

ントは，教師がすべてを説明してしまうのではなく，生徒に考えさせる部分を作り出し，読みたいと思わせるように動機づけることです。自分で疑問をもってテキストを読むことで，主体的に教材と関わることになり，教材を深く理解しようとする姿勢が自然とできてきます。

Idea Bank　謎かけのバリエーション

☐ タイトルを活用する
〈ギニアでの教育の大切さについての物語文 "Proud Panther" で〉
発問例：「"panther" って何？ "proud" ってどういうことだろう？このタイトルから何をイメージしますか？」

☐ トピックについて問う
〈異なるタイプの音楽が人に影響を与えるという説明文で〉
発問例：「食事のとき，次のどのタイプの音楽だと食が進みますか？
a）クラシック　b）ロック　c）民謡　d）校歌」

☐ 挿絵や写真を活用する
〈世界のエネルギー問題を扱った説明文で〉
発問例：「（夜の地球の合成写真を見せて）これは何でしょう？この写真で気づくことは何でしょう？」

☐ 本文中のフレーズを活用する
〈大リーガー，イチローのインタビューの文で〉
発問例：「"Personally, I don't like the term 'success.' It's usually someone else's definition, not yours." これは誰の言葉でしょう？」

4.1 導入：教材に対する生徒の心を開く

(4) 英文テキストの主題への伏線をはる

　導入の役割は，題材に興味をもたせるだけではありません。導入をうまく工夫することで，英文テキストをより深く理解させるための伏線をはることができます。

　次の英文テキストの根底に流れる主題を考えさせるために，どのような導入ができるでしょうか。

Example 5

　Tezuka did not become a manga artist so easily. He started drawing manga for a newspaper when he was a medical student. He was always wondering which way he should go. "Should I become a doctor or a manga artist?"

　The year before he graduated, he interviewed a patient. The patient had very large ears. They always moved while he was speaking. Tezuka thought that it was very funny. He forgot to write his medical report and drew a sketch. When a senior doctor looked at the sketch, he said, "Are you really going to be a doctor? You are a born manga artist." In the end, after he got his doctor's license, he decided to become an artist.　　　　　　　(*Big Dipper English Course I*)

　この英文テキストは，漫画に命をかけていた手塚治虫の姿を描いた物語文です。このことを踏まえた上で，導入段階において，次のような問いを生徒に投げかけることが考えられます。

Example 6

(1) What kind of work do you want to do in the future?
(2) Do you have any doubts about it?
(3) Do you want to continue this work for the rest of your life?

　この英文では，漫画家として大成した手塚治虫でさえも，学生時代には職業をなかなか決めることができなかったことが描かれています。将来の職業を意識し始めている生徒たちであれば，このような問いかけをすることで，

手塚治虫の葛藤に共感を得るはずです。

　いきなり本文に入るのではなく，本文の主題にうまく伏線をはることができるような発問を工夫しましょう。導入のポイントは，生徒に本文の主題をより身近なものとして感じさせることです。

Idea Bank　主題への伏線のはり方

□　人はなぜ迷信を信じるかを説明した説明文の導入で
　　例）あなたは占いやラッキーナンバーなどの迷信を信じる方ですか？

□　広告戦略の３つのタイプについての説明文の導入で
　　例）あなたはお店で同じような商品の中から１つ選んで購入するとき，何を重視する？　a．商品の値段　b．商品の質　c．商品イメージ

□　映画翻訳家について伝える戸田奈津子の自伝の導入で
　　例）次の映画のセリフにあなただったらどのような日本語の翻訳をつけますか？〈戸田奈津子が翻訳した有名な映画の英語のセリフを提示する〉

□　ホンネとタテマエを説明する異文化の説明文の導入で
　　例）あなたは友人宅の食事に誘われました。そのとき，「妻の料理はおいしくないかもしれませんが，どうぞお越し下さい」と言われました。あなたが受ける印象は次のうちどれですか？　a．嫌な感じ　b．丁寧な感じ　c．変な感じ

□　スヌーピーの作者シュルツ氏の伝記文で
　　例）あなたが長い間毎日欠かさず続けていることはありますか？それを継続するコツはいったい何ですか？

4.1　導入：教材に対する生徒の心を開く

第4章　生徒の読みを導く発問をつくろう

4.2 理解：メッセージの正確な理解を促す

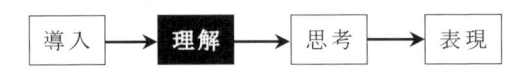

導入 → **理解** → 思考 → 表現

■　メッセージ理解に主体的に取り組ませる

　理解の段階では，語彙や文法，構文などを把握しながら，テキストに書かれている情報を正確に理解することになります。生徒のテキスト理解の基礎をつくる重要な部分です。ここで大切なことは，教師が一方的に説明するのではなく，生徒自らが理解したい，あるいは自分で理解できそうだと思えるような形で，テキストをクラス全員で理解していくことです。そのためには，生徒が主体的に理解できる手立てを考えることが大切です。その理解をつくりあげることを促すのが，発問の役割です。

■　理解を促す良い発問とはどのようなものか？

　理解の段階での良い発問を考えるためには，次のような点が重要です。

- ☐　本文主題の理解に導くために問いが絞られている
- ☐　生徒の理解を導く問いのステップがある
- ☐　生徒が理解できない場合のヒントの手立てがある

　理解の段階で，テキストすべての日本語訳や文章構造の解説を教師が一方的に与えてしまうことがあります。そうなると，教師の負担も大きく，退屈な授業になりがちです。テキストの主題を教師がよく理解した上で，生徒が何を理解すべきかを押さえ，教師の問いを絞ることができれば，教師の授業中の負担も減り，生徒は主体的に理解しようとし始めます。また，嚙み砕いた問いやヒント情報などをうまく示すことができれば，生徒の力で理解を導く達成感をもたせることができます。この章では，生徒の正確な理解を主体的に導く問い方とはどのようなものなのか，詳しく見ていくことにしましょう。

理解で使える発問パターン

□ この文章の話題（何度も出てくる語）は何か？

　この発問は，スキミング（skimming）と呼ばれ，テキストに書かれている内容を大まかにつかませるタイプの問いです。ざっと英文に目を通せば，すぐに答えることのできるような簡単な問いがベストです。例えば，「テキストに何度も出てくるキーワードは何でしょう？」「複数回出てくる数字を探せ」など

□ ○○○が△△△である理由を本文中から3つ探せ

　これは，スキャニング（scanning）と呼ばれるタイプの読みを促す問いです。読み取るポイントを絞りこむことにより，テキスト内の情報を探しやすくすることができます。例えば，「日本人が犬のしつけが苦手である理由を本文中から3つ探せ」など

□ 「○○は，△△である」○か×か？文章中から判断せよ

　これは，真偽問題（true or false questions）と呼ばれる発問です。テキストに直接書かれている情報をもとに，提示された文が正しいか誤りかを考えさせる問いです。例えば，「蚊の卵は水がないところでは生きられない○か×か？」など

理解発問をつくるコツ

□ 問いかけの効果的なステップを考えよう
□ 生徒の力で読めるようなヒント情報を与えよう
□ 内容理解を問う発問の形式を考えてみよう

4.2 理解：メッセージの正確な理解を促す

(1) 問いかけの効果的なステップを考えよう

 生徒に英文テキストを読ませる際，はじめから詳細な情報を読み取らせようとすると，読み進めることをあきらめてしまう生徒がよくいます。テキストの全体像がつかめず，何のために読もうとしているのか，どこに向かって語彙や表現といった細部を理解しようとしているのかわからないまま，細かな情報を追うので精一杯になってしまうためです。

 生徒のテキスト理解を上手に導くためには，3ラウンド発問という方法が有効です。これは同じテキストを違った角度から3回読ませる方法です。次の表に示すように，大まかな内容から詳細な情報を読み取らせる段階的な読ませ方です（池野，2000）。

表1．3ラウンド発問

ステップ	読み取らせる内容	発問例
1st Reading	(1) 内容の大まかな概要を読み取らせる (2) 繰り返し表現される事柄を読み取らせる (3) 冒頭や末尾の簡単な事実を読み取らせる	「この説明文の話題は何か？」など
2nd Reading	(1) 詳細な客観的事実を読み取らせる (2) 具体的な事実，事象を読み取らせる	「13の数字は何を表しているか？」など
3rd Reading	(1) 事実から推論が必要な内容を読み取らせる (2) 理由，根拠，機能，目的，内容などを問う (3) 筆者の態度や感情，意図を読み取らせる	「なぜevenという語が使われているのか？」など

(竹蓋，1997をもとに筆者が改変し表を作成)

 一般的には，「概要→詳細→推論」という順序で問いを出して読ませます。まず，1st Readingでは，概要的な事柄やテキストからすぐに見つけられる情報について問い，テキストの読みを方向付けます。例えば，「この説明文の話題は何か？」などです。2nd Readingは，テキストに書かれている詳細な情報について問う段階です。例えば，「13という数字は何を表しているか？」などです。3rd Readingでは，2nd Readingでの理解をもとに，テキストには直接書かれていない内容を推論する必要のある問いを投げかけます。この3rd Readingの問いについては，4.3(1)で扱うことにします。

■ 「概要」から「詳細」へという問いの順序

次の英文の場合，読者の皆さんは，どのような問いを考えるでしょうか。ここでは，1st Readingと2nd Readingの問いについて考えてみましょう。

Example 7

　　Do you have a lucky number? Do you read your horoscope "just for fun"? If the answer is "yes," you are probably a little superstitious.

　　Numbers are often part of superstitious beliefs. For example, many people think that disasters always occur in threes. In Western cultures, the number 13, especially, is believed to bring bad luck. It is unusual to find a 13th floor in a building. Even psychology professors at a California college complained when their building was numbered 1300 — they were afraid that superstitious students would refuse to take classes there. And on one Friday the 13th, an airplane company found that they had 5 % fewer passengers than usual.

　　　　　　　　　　　　　　　　　　　　(*Evergreen English Reading*)

いきなり，詳しい情報を読み取らせるのではなく，まずは，1st Readingにおいて，大まかに読んで理解できるような話題や情報を問いましょう。段階を踏むことによって，2nd Readingにおいて，さらに詳しい情報について尋ねることができます。

		発問例
1st Reading	問1	このテキストの話題は次のうちどれか？ (a) 迷信について　　(b) 占いの歴史について
	問2	どんな数字が話題になっているか？2つ挙げよ。
2nd Reading	問3	もしあなたにラッキーナンバーがあれば，あなたはどういう傾向があると述べられているか？
	問4	西洋では，13という数字はどのように思われているか？
	問5	13の数字に関連した具体例は何か？
	…	

4.2 理解：メッセージの正確な理解を促す

第4章 生徒の読みを導く発問をつくろう

(2) 生徒の力で読めるようなヒント情報を与えよう

　生徒に理解させる段階において重要なことは，生徒がもっている力をフルに活用させ，そのテキストの意味を生徒自身の力で読み取らせることにあります。教師が日本語訳を先に与えてしまったり，生徒に考えさせることなく文構造の解説をすぐに与えてしまったりしては，自分の力でメッセージを読み取る姿勢や力を育成することはできません。そのためには，自分の力で読み取るための補助発問やヒント情報の与え方が大切になってきます。

　次の英文において，Example 9 のように教師が対応することがあります。

Example 8

　　The meat of a pig is not called 'pig meat' in English. It is called pork. The name of the animal and the name of the meat are different. In the same way, the meat of a cow is called beef, and the meat of a sheep is called mutton.　　　　　(*Daily English Course I*)

Example 9

●豚，牛，羊の肉はそれぞれ英語で何と呼ばれますか？
○ ……
●calledは「～と呼ばれる」という意味だから，pork, beef, muttonですね。

　この例では，教師の問いに対し生徒はすぐに答えることができず，生徒に考えさせる時間をもたせることなく，教師はすぐに解説に入り答えを与えてしまっています。しかし，次のExample 10 は，どうでしょうか。大きな違いは，生徒が答えることができなくても，ヒント情報を教師が少しずつ与えながら，最終的には生徒に答えさせている点です。

　ここで大切なことは，教師の問いに対し，生徒がすぐに答えることができない場合には，問いを分割してみたり，ヒント情報を少しずつ小出しにしたりしながら，生徒に考えさせ自分で答えを見つけさせることです。

> *Example 10*
> ●豚，牛，羊の肉はそれぞれ英語で何と呼ばれますか？
> ○ ……
> ●豚，牛，羊は英語で何？
> ○pig, cow, sheep
> ●じゃあ，pigの肉はpig meatと英語で呼ばれますか？
> ○いいえ。
> ●"be called〜"はどういう意味でしょう？
> ○「〜と呼ばれる」という意味です。
> ●そうすると，pigの肉は？
> ○pork
> ●そうだね。

　生徒へのヒント情報の与え方にはポイントがあります。教師が問いかけても生徒が答えることができず，生徒に複数のヒント情報を与える場合，次の表のように，それぞれのヒント情報は間接的な情報から直接的な情報へと段階的に与えることが効果的であると考えられます。

　このように教師がヒント情報を与えることと，解答そのものを生徒に与えてしまうことには大きな違いがあります。ヒントが与えられ，少し易しく

表2．段階的なヒント情報の与え方

	段階的な指示	具体例
第1ヒント	1) ヒントの大まかな位置の指示 2) 内容スキーマの活性化 3) 形式スキーマの活性化	第1文に注意してみましょう。 一般常識で判断するとどうでしょう。 談話は通常〜のように進みます。
第2ヒント	4) ヒントの細かな位置の指示	In the same wayの後に注目してみましょう。
第3ヒント	5) 語彙，文法等の指示や説明	"be called 〜"とはどういう意味でしょうか？

（竹蓋，1997を参考に筆者が追加・修正し表にしたもの）

なった問題を自分で解決することで，解決策についての学びが起こります。しかし，自分で解答を探す作業を十分しない間に，教師から解答や解説が与えられてしまうと，なぜそうなるのかもわからず，次への作業へつながることはありません。

　授業中の教師の指導は，単に生徒が読めているかどうかを測るテストを課しているわけではないということです。指導は，生徒の力で読める力を育てるための指導であるべきです。そのためには，どのように教師が問いかけるかと同時に，どのようにヒント情報を与えるかも大事であり，そのヒント情報の与え方がそのまま，生徒にとっての読みのストラテジーの育成につながっていくのです。

　また，生徒が不完全にしか解答できない場合であってもそれを認め，頑張りをほめたいものです。何人かの生徒にも尋ね，それらの答えを総合して正解になればよいでしょう。ヒント情報を頼りにしながら，自分たちの力でなんとか解答を導き出したという成就感をもてることが大切です。

Q & A BOX

Q. 発問を英語で行う際の注意点は何でしょうか。

A. 英語で問い，英語で答えさせる場合，問いをよく考えないと，英文の表現をそのまま抜き出せば正解になる問いになってしまうことがよくあります。例えば，"What did she say?" のような問いであれば，"She said ×××." のように英文の表現を抜き出せば正答になります。とくに，テキストに直接書かれてある事実を尋ねるような問いの場合，生徒はテキストの意味を考えることなく答えることができることがよくあります。したがって，同じ問いをする場合でも，"Why was she happy?" のように直接本文の表現を抜き出して答えることのできないような，本文に書かれてある情報を総合して答える必要のある形で問いを出す工夫が必要です。

> **Idea Bank　テキストタイプに応じた理解すべき内容**
>
> 　英文テキストの中で生徒に何を問えばよいか迷うことはないでしょうか。そのようなとき，テキストのタイプを押さえ，そのタイプの特徴をもとに，何を問うべきかを考えるとよいでしょう。テキストのタイプは，説明文（expository text）と物語文（narrative text）に区分されることを第2章で見ました。下の表3で見るように，テキストタイプによって理解すべきポイントは異なってきますが，テキストタイプによって，最低限何を理解すべきかある程度決まってきます。
>
> 表3．テキストタイプに応じた理解すべきポイント
>
> | テキストタイプ | 読みのポイント | 理解すべき内容の例 |
> | --- | --- | --- |
> | 説明文 | ある主題に関する論理展開を読み取り，筆者の主張やその論拠などを理解する | 1) 何を話題にしているのか？
2) 文章全体の主張は何か？
3) 何を主張の論拠としているか？
4) どのように論理展開をしているか？
5) 主張の背景にある主題は何か？
　など |
> | 物語文 | 一連の出来事における登場人物の行動や心情を理解し，一貫した主題を読み取る | 1) 登場人物は誰か？
2) どのような場面なのか？
3) どのように出来事が展開しているか？
4) 人物の心情はどう変化しているか？
5) 物語の背景にある主題は何か？
　など |
>
> 　このように，テキストタイプに応じた理解させるべきポイントを押さえておくことは，リーディング指導で生徒に何を理解させるかを考えるときの有益な情報となります。

4.2 理解：メッセージの正確な理解を促す

第4章　生徒の読みを導く発問をつくろう

(3) 内容理解を問う発問の形式を考えてみよう

生徒が理解しているか確かめる際に，同じことを問う場合であっても，多様な発問形式があり，目的に応じて形式をうまく使いわける必要があります。発問形式には，表4で示すように，発問の形式，言語，モードに応じ，いくつかのタイプが考えられます。

表4．発問形式のオプション

発問の要素	オプション
(1) 形式	① T/F式　　② 選択式　　③ 自由回答式
(2) 言語	① 日問日答　② 日問英答　③ 英問日答　④ 英問英答
(3) モード	① 口頭　　　② 文書（ワークシート・黒板・OHP）

(池野，2000を参考に筆者が改変)

次のようなテキストを使って，どのような発問形式が考えられるかを見ていきましょう。

Example 11

E.T. is a cute little alien. He comes from another planet. But his spaceship leaves without him. So he's all alone. E.T. wants to go home. But his home is far, far away.

Then a boy finds him. The boy's name is Elliott. Elliott needs a friend, and E.T. becomes his best friend. Life becomes better for both of them. Together they have a wonderful time. But E.T. needs to go home.

One day they fly as high as a bird on Elliott's bike and go to a forest. E.T. sends many messages from there. Elliott helps him. E.T.'s spaceship gets them and comes back.

E.T. and Elliott have to say goodbye. E.T. points to Elliott's head and says, "I'll be right here." Good friends stay in our minds forever.

(*New Horizon English Course 2*)

発問形式には，T/F式，選択式，自由回答式の3つのタイプがあります。

> **Example 12**
> 次の(1)〜(4)について本部の内容と合っていればT(True)，合っていなければF(False)で答えましょう．
> (1) E.T. is a girl from another planet.
> (2) E.T. came to the earth with his friends.
> (3) E.T. was very sad.
> (4) A boy found E.T.

　このようなT/F式の問いは，設問の表す内容が真か偽かを答えさせるものです。誰もが取りかかりやすく，数多く問うことができ，時間を有効に使えるという利点をもちます。英語での設問文そのものがヒント情報となり，それが日本語になるとさらにやさしくなります。

> **Example 13**
> 次の問いに答えましょう。
> (1) E.T.は次のうちどれ？　　a) 男の子　b) 女の子　c) その他
> (2) E.T.とElliottが森へ行った理由は何？
> 　a) 鳥を捕りに行くため　b) 忘れた自転車を取りに行くため
> 　c) 宇宙と交信するため

　これは選択式の問いの形式です。この形式は，複数の選択肢から答えを選ばせるものです。選択肢があることからそれがヒントになると同時に，間違いやすい選択肢を入れることもできます。

> **Example 14**
> 次の問いに答えましょう。
> (1) Elliottはどんな男の子？
> (2) E.T.の言った"I'll be right here."の"here"とはどこ？それはどういう意味でしょう？

　これは自由回答式です。上の2つの形式と異なり，答え方や選択肢が指定

されておらず，自由に答えさせる形をとります。生徒は自分で答えを探す必要があります。簡単な情報を尋ねたり，詳しい内容を尋ねたりと問いの焦点を自由に設定して問うことができます。正解が１つではないような問いをつくることも可能です。

　また，発問の言語には，教師の問いと生徒の答えの言語を英語にするか日本語にするかで，４つのタイプの発問形式が考えられます。例えば，「Elliottはどんな男の子？」と問うのか，"What kind of boy is Elliott?" と問うのかは，生徒の英語力や問う内容の難易度なども考慮しながら，使用する言語を考えていく必要があります。

　発問のモードには，口頭で問うのか，ワークシートなどの文書で問いを提示するのか選択が考えられます。授業の中で生徒に集中させたいときなどは，教師が口頭で直接生徒に尋ねた方が効果的な場合もあります。

　このように，様々なタイプの発問形式が考えられますが，これらの要素のうち，発問の目的や生徒の実態に応じながら，適切な発問をつくることになります。

Q & A BOX

Q. 発問を英語ですすめると，うまくいかないのですがどうすればよいでしょうか。

A. "Do you like school? Yes or No." などのように簡単な発問であれば，英語のみで生徒は十分答えることができるでしょう。メリットは，生きた英語でのコミュニケーションの場面をつくり出すということです。それが目的であれば，すべてが理解できなくても多くの英語に触れさせることで目的は達成されていると言えます。

しかし，読解を目的とした複雑な発問になると，うまくいかないことが多くなるかもしれません。教師の英語による問いかけ自体が分からない生徒にとっては，問いの内容がわからなくて答えることができず，参加できなくなる可能性がでてきます。

教師が英語で発問を行う場合，次のような点が満たされているかどうかをよく考えましょう。(1) 教師による英語の発問の内容を正確に聞き取れているかどうか，(2) 教師の英語による問いかけを意欲的に生徒が聞いているかどうか，(3) 発問や問いかけを教師が分かりやすく上手く投げかけることができているかどうか，にあります。このようなポイントを満たすために，わかりやすい表現に言い換えたり，易しい問いから難しい問いへ段階を追って尋ねたりするといったテクニックが必要となります。

このようなポイントを満たすのが困難な場合は，無理して英語で発問をする必要はないでしょう。日本語による発問だと，確実に生徒全員に問いの内容を理解させ，取り組ませることができるというメリットがあります。読解指導では，英文テキストを読み取らせることが最優先の目標であり，教師の英語による発問を理解できるかどうかは，別の場面で行ってよいかもしれません。発問を英語でするか日本語でするかは，以上のようなことを念頭に置き，授業において何を目的にするかをよく考えたいものです。

4.2 理解：メッセージの正確な理解を促す

4.3 思考：本文内容の理解を深める

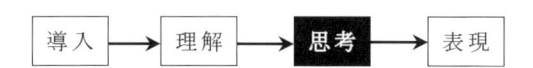

導入 → 理解 → **思考** → 表現

■ 思考とは？

　思考の段階とは，文章の主題を読み取ることであり，テキストの面白みを感じさせることです。この部分がないと面白みのない授業になってしまいます。例えば，"struggle"という語句が出てきた場合，表面的な意味を理解しただけでは，深く理解したことにはなりません。筆者のそのときの心情を具体的に想像できて，その意味が深く理解できるはずです。思考させるとは，その言葉の重みや真の意味を，生徒の実体験に引き寄せ，生き生きと捉えさせることです。生徒1人ではできない部分であり，さまざまな生徒がいるクラスだからこそできるものです。

■ 思考を促す良い発問とは？

　思考の段階において，良い発問は次のような特徴をもっています。

- ☐ テキストの主題に深く関わる部分を問う
- ☐ 正解が一つではなく，多様な捉え方のできるものを問う
- ☐ テキストを再度読んでみようと生徒に思わせる

　テキストの主題と関わる部分を問うことができると，深く思考を促すことができます。正解が一つでなく，むしろ，多様な考え方ができるものを問い，異なる考えを共有することで思考が深まります。思考の段階で，テキストを深く理解できていれば，生徒の記憶にも残り，今度は自分のことを表現してみようというときに，スムーズに表現できるようになります。また，テキストをもう一度読んでみようという気持ちをもてるようになります。思考の段階でテキストを深く読ませる仕掛けを作るコツを，ここでは見ていきましょう。

思考で使える発問パターン

☐ **この文章の主題にあたる語句は何でしょう？**

このタイプの発問は，文章中で筆者が心を込めて使用しているキーワードを探させることになります。

☐ **○○○の気持ちがわかる文はどれでしょうか？**

このタイプの発問は，筆者や登場人物の心情が垣間見える部分を探し出させるものです。例えば，「筆者が否定的であるとわかる部分はどれ？」「登場人物の心情がわかる描写はどこ？」など。

☐ **パラグラフの間にはどのような関係があるでしょうか？**

このタイプの発問は，文やパラグラフを超えたレベルで，テキスト全体の意味を捉えさせることになります。筆者がどのような構成で自分の主張を組み立てているのかを文章全体で眺めてみることは，正確に主題を読み解くためには欠かせません。

☐ **あなたが○○だったらどうするでしょうか？**

生徒が登場人物の立場に立った場合にどのように考えるか，どのように行動するかを考えさせるものです。

思考のための発問をつくるコツ

☐ テキストの根底にある主題を考えさせる
☐ ディスコースレベルで意味を捉えさせる
☐ テキストには直接書かれていない内容を推測させる
☐ 本文内容に対する自分の考えを表現させる

4.3 思考：本文内容の理解を深める

(1) テキストの根底にある主題を捉えさせる

　テキストには，表面的な読みだけでは理解することのできない部分があります。1st Readingや2nd Readingにおいて，テキストの理解を確かなものにし，3rd Readingにおいて生徒の理解をより深いものにするためにどのようなことを生徒に問えばよいのでしょうか。ここで，次の英文テキストをもとに考えてみましょう。皆さんであれば生徒にどのようなことを読み取らせるでしょうか。

Example 15

　There are no handicapped people if we bridge the gap between those who are handicapped and those who aren't. We have to remove the barriers. It is not enough just to provide special facilities such as ramps, elevators, toilets, etc. People must live with handicapped people from childhood. Then they won't think of them as strange.

　I love sports. I love baseball the best. When I entered elementary school, my friends thought up some rules so we could play together. We called them "Oto-chan rules." For example, when I hit the ball, someone else ran for me. My friends removed the barriers, so I was not a handicapped boy any more.

(*Vivid English Course I*)

　この英文の話題は，"handicapped"であるということは，すぐに分かります。さらに深く読むと，筆者が大切に使っているキーワードが見つかります。それは，この文章の主題も表している"barriers"です。第1と第2段落で1回ずつ出てきますが，異なる意味が含まれています。"barriers"の1つ目の意味は，階段などの物理的な障壁を指しますが，"barriers"の2つ目の意味は，障害者と健常者の間の心理的な障壁を指しています。この後のテキストでは，心理的な障壁を取り除くことの大切さが主張されていきます。

　しかし，文章の中では，"barriers"のこの2つの意味には違いがあるということがはっきりと明記されていません。どのように教師が問えば，この"barriers"の2つの意味を生徒が正しく理解することができるでしょうか。次の例のやりとりを見てみましょう。3rd Readingの段階でのやりとりです。

Example 16

●では，今日は乙武さんの英文を深く読み取っていきましょう。2つの問いに答えてください。1つ目は，この英文の話題は何でしょうか？2つ目は，この話題に関する重要なキーワードは何でしょう？この2つに注目して，英文を読みます。
○〈本文を教師が声に出して読みながら，生徒も読む〉
●それでは，この英文の話題は何でしょうか？
○handicapped people

> ●この話題に関する重要なキーワードがでてきますがそれは何でしょう？2回出てきましたよ。

○barriers
●そうだね。どことどこ？
○上から3行目と下から2行目です。
●それらはどんな意味でしょうか？
○階段や使いにくいトイレなど。
●その意味だけでしょうか？そこに焦点を当てて読みましょう。
○〈本文を再度よく読む〉
○ "It is not enough just to..." とあるから，違う意味もある。
●barriersのもつ2つの意味はどんなものだろう？
○2, 3行目からするとbarriersはどちらかと言えば物理的なものをさしているんじゃないかな。
●もう一方のbarriersの意味とは何だろう？
○ "People must live with handicapped people from childhood. Then they won't think of them as strange." のところから，障害者に対する心理的なbarriersのことを主に言っていると思います。
●筆者は，その2つの意味のどちらを大切に考えているでしょうか？
……

このように，深い思考に向けた発問をして本文を読ませることにより，生徒は英語の語彙や文法の意味をさらに鮮明なイメージをもったものとして捉えることができるはずです。

4.3 思考：本文内容の理解を深める

(2) ディスコースレベルで意味を捉えさせる

英文テキストのメッセージを捉えるためには，1つ1つのセンテンスの意味が理解できることだけではなく，文章全体の意味を理解することも求められます。ここでは，3rd Readingでの指導に目を向けて，1つのセンテンスを超えたレベルである，ディスコースのレベルでの意味を正確に理解する指導を考えてみましょう。

そこで，次のような英文テキストの場合を考えてみましょう。

Example 17

①Today's society is full of products for sale. ②A shopper can find several different brands of the same product even in the smallest shop. ③Of course, these brands all have different names, but they are often very similar in their quality. ④For example, toothpaste brands are usually almost the same. ⑤Two brands of shampoo may differ only in color and smell. ⑥And the tobacco in two kinds of cigarettes often comes from the same fields. ⑦We often have little reason to choose one brand over another.

⑧For this reason, companies face a special challenge. ⑨How can a company get shoppers to buy its own products instead of those of other companies? ⑩The answer is in advertising. ⑪Through advertising, each company tries to make shoppers believe that its brand is special.

⑫Each day, we see dozens of advertisements on TV, in magazines, and on billboards. ⑬Interestingly, if we look at these ads carefully, we can find that most of them use one of three types of appeal.

(*Genius English Course I*)

このExample 17のテキストは，3つの段落で構成されており，①～⑬の文でできています。第1段落では，私たち消費者は，溢れる商品の中から理由なく商品を選んでいることが説明されています。第2段落では，広告を通し自社の商品を消費者に選んでもらう努力をしていることが説明されています。第3段落では，広告には，3つのタイプの広告が見られることが述べら

れています。1つ1つの文の意味が理解できたとしても、テキスト全体で筆者は結局何を言おうとしているのかまで正しく理解できるとは限りません。では、この文章全体の理解を促すために、どのようなことを問うことができるでしょうか。次のようなやりとりを見てみましょう。

Example 18

> ●この英文で筆者がもっとも伝えたいことは何だと思いますか？

○いろんな広告がある。
○商品が溢れている。
●3つの段落がありますが、それぞれの段落で最も重要な文はそれぞれどれでしょう？複数あっても構いません。
○第1段落は①と⑦、第2段落は⑧と⑪、第3段落は⑬かな。
●3つの段落はそれぞれ何を言おうとしているのでしょうか。3つの段落の関係も考えてみましょう。
○第1段落は、私たちの社会には商品が溢れていて理由なしに1つのブランドを選んでいること。
○第2段落は、企業は特別な課題に直面していて、広告を通して自分のブランドが特別であると消費者に思わせようとしていること。
○第3段落は、いろんな広告があるが広告は大きく3つのタイプに分けられること。

> ●複数回出てくる語は何でしょう。全部あげてください

○products, brand, company
○advertising, shoppers
●これらのキーワードの関係を図示してみましょう。
○〈各個人で考えてみる〉
○〈出てきた答え〉

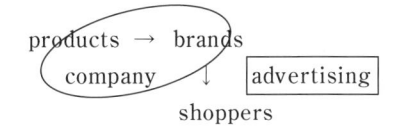

```
     products  →  brands
      company  ↓    advertising
               shoppers
```

4.3 思考：本文内容の理解を深める

第4章 生徒の読みを導く発問をつくろう　　135

> ●この図のキーワードを使って，要点を述べてみましょう。
> ○companyはproductsの中から自社のbrandを消費者に買ってもらうために，advertisingを使う。
> ●では，この要約や関係図を表わしている文は①〜⑬までのどの文でしょうか？
> ○⑪の文だ！
> ●⑪の文はどんな意味でしょうか？
> ○広告を通して，各企業は自社のブランドが特別であることを消費者に信じさせようとする。
> ●そうですね。その文がこのパートで筆者が最も伝えたいことですね。
> ●段落ごとにメッセージを要約したり，何度も出てくるキーワードを中心に文章を捉えてみると，筆者が伝えたいことが見えてきますよね。

　これらの教師と生徒とのやりとりでは，一文一文の意味を理解するだけではなく，文章がどのように構成されているかを正しくつかむと同時に，複数回使われているキーワードは何かを考えさせながら，筆者が結局何を伝えようとしているのかを考えさせています。この例のように，論理的に文章を捉えることで，生徒自身も論理的に表現したり，考える力を育成することにつながってくるはずです。

Idea Bank　ディスコースレベルでの指導例

- [ ] **パラグラフごとに小見出しを付けさせる**
  パラグラフごとの要点をまとめさせることで，ディスコースレベルでの意味を捉えることになります

- [ ] **パラグラフ間の関係を図示させる**
  段落の関係を捉えさせることで，論理構成を考えることになります

- [ ] **キーワードを探させる**
  パートごとにもっとも重要な語や主題に関わる語を見つけさせます

- [ ] **トピックセンテンスを探させる**
  各段落の中でもっとも重要な文を見つけさせます

- [ ] **パートごとに要約文を書かせる**
  レッスンのパートが終わった時点で日本語や英語で要約文を書かせることで文章全体を再度読むことになります

- [ ] **登場人物の感情の変化を捉えさせる**
  物語文や伝記文などの場合，登場人物の心情の移り変わりを捉えさせることができます

4.3 思考：本文内容の理解を深める

(3) テキストには直接書かれていない内容を推測させる

テキストに直接書かれていることは理解できても，多くの場合，本当にそのテキストのメッセージを理解できるとは限りません。とくに，登場人物や筆者の心情などが表れているテキストを扱うような場合は，行間を読ませる (read between the lines)，つまり，推論させる (infer) ことが，センテンスを超えたレベルでのメッセージを読み取ることになります。

次のような英文テキストの場合，読者の皆さんであれば，どの部分に着目し，どのように生徒に問いかけるでしょうか。次の英文は，耳の聞こえない忍足亜希子さんが，さまざまな人との出会いの中で，女優として挑戦していく決心を固めていくという文章の一部です。

Example 19

"Life is full of adventures. Never give up, and have more guts!" These are the mottos kept in Akiko's mind. "I don't like to think about the things I can't do. Instead, I like to think about the things I can do. I want people around me to change and I also want to change and grow." By making the most of her abilities, she hopes that other deaf people will follow suit. "I believe dreams are for everyone."

(*Big Dipper English Course I*)

"Life is full of adventrues. Never give up, and have more guts!" という言葉を彼女は自分自身のモットーとしています。このモットーの裏には，彼女の弱さや傷つきやすさがが表れていると捉えることができます。では，どのように生徒に問いかければ，この部分を考えさせることができるでしょうか。次の教師と生徒とのやりとりを見てみましょう。

Example 20

- ●亜希子さんのモットーは何でしょう？
- ○Life is full of adventures. Never give up. Have more guts.
- ●亜希子さんはどんな冒険したの？
- ○銀行員をやめて女優のオーディションを受けた。

○"mottos"って何ですか？
●何だと思う？分かる人？
○辛いときに思い浮かべる言葉かな。
●そうだね。亜希子さんは，何を考えたくなかったの？
○自分ができないこと。
●例えば，どんなことだと思う？
○トークショウにでること。
●じゃあ，何を考えるのが好きなの？
○自分ができること。
●例えば？
○手話で通訳してもらえれば，できるんじゃないかな。
●そう考えれば楽しくなるよね。
○でもやっぱり，自分だったら辛すぎます。

> ●なんで人ってモットーが必要なんだろうね？どんなときにモットーって生まれてくると思う？

○辛いとき。
○逆境にあるときじゃないかな。
●亜希子さんって，結局どんな人だと思う？
○強いけど，弱い自分がいる。
○けっこう，落ち込む人なんじゃないかな。
●最後に，"dreams are for everyone"の"everyone"とは誰？
○あーそうか，障害をもつ人もみんな，ということだ。

　文の理解を確認しながら，表面からは読み取れない亜希子さんの性格を推測させています。このように教師の問いかけで，文章内の表現に隠された本文の主題を感じ取らせ，本文を立体的に読み深めることが考えられます。たとえ生徒から答えが返ってこなくても，考えさせるだけでも読みが深まるはずです。このように深い読み取りができれば，テキストのすべての語句が生徒にとって生きたものになってくるはずです。

4.3 思考：本文内容の理解を深める

第4章　生徒の読みを導く発問をつくろう

Idea Bank　テキストから推測させる発問の例

- ☐ **登場人物や筆者の意図を推測させる**
  〈"Obviously, it was their first visit to the circus." という文で〉
  なぜ筆者はここで "obviously" という副詞を使ったのか？

- ☐ **テキストの主題を推測させる**
  〈インターネットの発展を述べたビル・ゲイツのエッセイ文で〉
  結局，このエッセイ文では筆者は何を読者に訴えかけているのだろう？

- ☐ **登場人物や筆者の心情を推測させる**
  〈"Ken explained it with a smile" という文で〉
  "with a smile" から，Kenはどのような気持ちなのか？

- ☐ **その後どう展開するのかを推測させる**
  〈戦争下の兄妹を描いた物語文で〉
  この物語の主人公は，この話の後どのような生活を送ったと思うか？

- ☐ **会話の内容を具体的に推測させる**
  〈"They were excitedly talking about the circus." という文で〉
  彼らは "circus" のどんなことを話していたと思うか？

- ☐ **その状況に関して推測させる**
  〈"The man had to sustain life by fishing." という文で〉
  その男性はどのような生活を送っているのだろうか？

Q & A BOX

Q. 読みを深めるような発問をしたとしても，生徒から答えが返ってこないと戸惑います。どうすればよいのでしょうか。

A. 確かに，教室が静まりかえってしまうと，教師もすぐになんとかしなければと思い，つい自分で答えを言ってしまったり，生徒からの答えを待つことをあきらめてしまったりということがあります。まずは，どんなことでも発言していいよという日頃からの教師の姿勢が大切です。どのような考えであっても認めてあげることです。考えを発言したことを受けとめることが大切です。そのような雰囲気を感じることができれば，生徒は発言し始めます。

次に大切なことは，生徒からの答えを「待つ」ということです。生徒が静まりかえっても平気でいましょう。その間を取ることができることが大切です。クラスの状況にもよりますが，口頭で答えにくいようであれば，考えを書かせてみたり，Yes/Noで答えさせたり選択肢を与えたりするなどステップを踏むとよいでしょう。

4.3 思考：本文内容の理解を深める

(4) 本文内容に対する自分の考えを表現させる

　文章全体の意味を一通り確認した後，その内容に対して，生徒自身の感想や考えが出てくるようなテキストがあります。そのようなテキストの特徴を生かして，生徒の感想や考えを表現させる時間をとり，異なる考えをクラスで共有したいものです。テキストの意味を単に確認するだけではなく，本文内容に対して賛成・反対，好き・嫌いなど生徒が主観的にテキストを捉えることで，テキストとより深く関わることにもなります。また，他の生徒の異なる考えを聞くことにより，他者の考えを通して自分の読みや考えが深まることにもなります。

■　英文テキストの内容について主観的に捉えさせる

　次の英文テキストのような場合は，どうでしょうか。コンピューターやインターネットに対する筆者の主張が述べられている説明文です。

Example 21

　Before they learn to use computers, most people are afraid of them. When people spend more time with computers, they understand them better. Once you start using them, I think you'll like them.

　The most important users will be today's children and young people. The Internet is for the future. To give the children this future, we have to do two things. We have to get both girls and boys in front of computers. We also have to get the Internet into the schools by giving the schools the lowest price possible for using it.

(PRO-VISION English Reading)

　読者の皆さんは，この英文を読んでどのような感想をもつでしょうか。生徒に次のように尋ねるとどうでしょうか。

Example 22
(1) あなたは "We have to get both girls and boys in front of computers." という筆者の主張に対しどのように考えますか？
(2) なぜそのように考えますか？

　筆者の主張に対して，賛成・反対の意見が分かれるかもしれません。しかし，自分にとってこのテキストの内容がどのような意味があるのか，賛成なのか反対なのかなどを自分の意見を考えさせてみることが重要なポイントです。生徒の様々な考えを引き出すことにより，異なる視点でテキストを捉えさせるきっかけになります。
　では，さらに，次のように生徒に尋ねた場合どうでしょうか。

Example 23
(3) この英文の筆者はいったいどのような人物だと思いますか？

　このテキストは，ビル・ゲイツが高校生に向けて書いたものです。マイクロソフト社の社長である人物が，この英文を書いているということが理解できれば，なぜコンピューターやインターネットを肯定的に捉え，このような文章を書いているのかという文章の書かれた意図が理解できるはずです。もし，単に，本文を日本語に訳して終わりでは，テキストが書かれた意図までを捉えさせるまでには至らない可能性があります。生徒の意見が分かれるようなテキスト内容の場合は，ぜひとも生徒に主観的な問いを投げかけ，生徒自身の考えを引き出したいものです。

4.3 思考：本文内容の理解を深める

Idea Bank　主観的な意見を引き出す発問例

- ☐　○○の心情や性格がわかる文はどれですか？
  〈イチローとのインタビューの文章を読んで〉
  あなたはどの文にイチローらしさを感じますか？なぜですか？

- ☐　あたなは○○のことばに共感しますか？
  〈キング牧師の演説文を読んで〉
  あなたはキング牧師のどのことばに共感しましたか？なぜですか？

- ☐　もしあなたが○○であれば，どのように感じますか？
  〈異文化理解の説明文を読んで〉
  もし外国人にハグされたらどう思いますか？なぜですか？

- ☐　もしあなたが○○であれば，どのように行動しますか？
  〈日本伝統を継いだ人物の伝記文を読んで〉
  あなたが親の職を継ぐことになったとすれば継ぐでしょうか？なぜですか？

- ☐　あなたは筆者の考えに賛成ですか，反対ですか？
  〈インターネットの利点に関する説明文で〉
  あなたは筆者のインターネットに対する考え方に賛成ですか，反対ですか？それはなぜですか？

> **Q & A BOX**

Q. 読みを深めるような発問にかける時間がありません。

A. 多様な捉え方のできる問いを通して読みを深めたテキストは，生徒にとっては心に残る生きたテキストになります。そうなると，テキスト内の語彙の意味や文章構成が意味をもってくることになります。テキスト理解のために遠回りをしているようで，実は近道であると考えることができます。このような思考を深める発問への取り組みが，生徒の考える力を育てることにつながると捉え，ぜひとも生徒に考えさせる時間を設けたいものです。

また，思考を促す発問にかける時間は，時間をかける場合もあったり，少しの時間であったりしても構いません。生徒に発問すること自体が大切なのです。もし時間の余裕がないという場合は，発問を生徒に投げかけるだけにして，あえて生徒に答えさせなくてもよいでしょう。例えば，「この英文のタイトルはいったいどんな意味があるのでしょうね？」となにげなく生徒に尋ねてみるだけでも，生徒に考えるきっかけが与えられます。生徒にとって魅力的な発問を投げかけることができれば，あえて生徒に答えさせなくても，生徒たちは自分でその問いを考え始めるはずです。授業後にその発問に答えてくる生徒がいるかもしれません。

4.3 思考：本文内容の理解を深める

第4章 生徒の読みを導く発問をつくろう

4.4　表現：本文内容をもとに表現させる

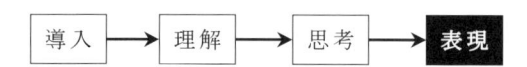

導入 → 理解 → 思考 → **表現**

■　教材をもとに表現させるとは

　表現を促す段階とは，教材が読者に投げかけたメッセージをもとに，生徒の考えや意見を表現させる場面を設けることです。生徒の考えを表現させる働きかけをうまく工夫することができれば，テキストをより深く読ませ，学んだ内容や表現を活用させることになります。生徒が学んだことをどのように活用させるかまでイメージして目標を立てた上で，導入・理解・思考から表現につなげていくことができれば，表現活動が行いやすくなります。

■　学びのための読みという考え方

　一般的に，テキストを使った読みの学習には，「テキストの学習（learning of text）」と「テキストからの学習（learning from text）」という2つの区分があります（小嶋, 1996）。英語のリーディング指導において，テキストの学習とは，語句や文章構造などを理解するための読みを指し，テキストからの学習とは，テキストにある情報や情報提示の方法を学び，それを今後の学びの場面で活用させるような読みを指します。テキストからの学習が可能になるのは，次のような条件の場合です。

- ☐　テキストの内容が正しく理解されている
- ☐　テキストの主題が深く読み取られている
- ☐　テキストをもとにした考えを表現する意欲がある

　テキスト内容を深く理解し，自分とテキストのつながりを生徒が強く感じることができていれば，うまく表現活動に入ることができるはずです。ここでは，とくに，何のために表現させるのか，何を表現させるか，どのようなステップで表現させるのか，という3つのポイントを見ていきましょう。

表現で使える発問パターン

☐ **テキストで使われている表現を使わせるパターン**

文章中の表現を使って生徒のことを表現させる活動です。
例)「文章中のnot only ~ but alsoを使い，I can ... の後に続けて，自分のことを紹介しよう」など

☐ **テキストでの論理構成で表現させるパターン**

文章の中で使われた論理構成を参考にしながら，生徒自身の考えやアイデアを表現させるものです。
例) テキストでの構成を参考にしながら，あなたにとってのSpecial Dayを英語で書きなさい，など

☐ **本文内容に対する自分の考えを表現させるパターン**

筆者の意見や主張に対しどのように考えるかを表現させるパターンです。再度テキストを深く読ませることにもなります。
例) コンピューターに対する筆者の考えに対して，あなた自身はどのような意見をもちますか，など

☐ **導入の段階で尋ねた発問を再び考えさせるパターン**

導入の段階で，テキストの主題に関することを尋ねた場合，テキスト全体を読んだ後で，同じ発問をしてみることで，読みが深まったことを確認することができます。

表現のための発問をつくるコツ

☐ 何のために表現させるか目的をよく考えよう
☐ 生徒にとって魅力的な表現活動をつくろう
☐ 表現させるまでのステップをしっかりと組もう

(1) 何のために表現させるか目的をよく考えよう

　英文テキストを読み取った後の活動として，どのような表現活動が考えられるでしょうか。その1つとして，テキストで使われている構文や論理構成などにならって生徒自身のことを表現させることが考えられます。時間をかけて内容を理解した教材をどのように役立てることができるか考えてみましょう。

　次のような英文をもとに何を目的とした表現を生徒にさせるでしょうか。

Example 24

　　We have no classes on November 20. All the students have a party for the teachers instead. We play games and sing songs together. At the end of the party, we give thanks to our teachers with flowers. We call this day "Teachers' Day."

　　　　　　　　　　　　　　　　　　　　(*VISTA English Series I*)

　このテキストを説明文の良い例として捉えれば，次のような問いを考えることができます。

Example 25

　　あなたの学校の"special day"を日本の学校のことをよく知らないジョン先生に紹介するために，英語で書いてみましょう。英文テキストの構成にならって，次の問いを参考にしながら書いてみましょう。
　(1)　何日を話題にするのか？
　(2)　その日の特徴は何か？
　(3)　何のための日なのか？
　(4)　何と呼ばれている日なのか？

　この場合，ある事柄を具体的な例を示しながら展開するというテキストの談話構成に焦点を当てて，事後活動としての表現活動をつくっています。つまり，この活動の目的は，生徒に談話の流れを意識して文章を作り出す力をつけさせることにあります。

　生徒になんとなく表現をさせるのではなく，明確な指導目的をもって表現

活動を行うことで，活動に対する生徒の意欲や学びは大きく異なってきます。個々のテキストがもつ特徴をよく考えて，表現活動で何に焦点を当てて表現させるかを，判断することが重要です。

Idea Bank　表現活動の目的の例

☐ **文法能力の育成**
テキストで学習した語彙や表現を用いてメッセージを正しく表現する。
例）仮定法過去 "If I were you, John, I would 〜" を使って，その頃のジョン・レノンにメッセージを伝えよう。

☐ **談話能力の育成**
複数の文からなる文章で，一貫したメッセージをわかりやすい流れで表現する。
例）筆者の意見に対して賛否を述べ，その具体例を2つ挙げて，友達を説得しよう。

☐ **社会言語能力の育成**
何が目的か誰に向けた表現なのかを的確に把握し，メッセージを適切に表現する。
例）教科書本文の手紙文を参考に，9月に帰国するALTに2年間の指導への感謝の手紙を書こう。

☐ **方略能力の育成**
制限時間内に，自分の知識を駆使して，瞬時にメッセージを表現する。
例）本文の内容「ファーストフードの長所と短所」について，ペアになって，5分間トークをしてみよう。

4.4 表現：本文内容をもとに表現させる

第4章　生徒の読みを導く発問をつくろう

(2) 生徒にとって魅力的な表現活動をつくろう

　表現させる目標が決まったら，次に，どのような表現活動にするかを具体的に考えることになります。生徒が表現したいと思うかどうかは，何をどのように表現させるかにかかっています。生徒にとってぜひ挑戦してみたいと思えるような魅力的な表現活動をつくりましょう。

　英文テキストの中には，学習すべき語句や構文などが含まれている場合が多く，そのような語句や構文を使わせるような表現活動を行うことがよくあります。そこで，次のテキストを使った場合を考えてみましょう。どのような表現活動が考えられるでしょうか。

Example 26

　Today with improvements in technology, a variety of high-tech robopets have been produced. Robopets like the one in Photo 1 can show "emotions" such as joy, sadness, and anger by means of body motions, sounds, and the light in their eyes. They can also respond when they are spoken to. Amazingly, they can even "learn" to do various things through interacting with their environment and owner. Moreover, they can act on their own "Judgments."

(*Milestone English Course I*)

　この説明文では，技術の進歩により，ペット型ロボットができることについて詳しく述べられています。テキストの中には，"show"，"by means of"，"respond"，"interact" などの語句や，"moreover" などの接続詞が使われています。このような表現は，何かを人に説明する際によく使われる表現であることに気づきます。このテキストの英語表現を生かして，英語でのプレゼンに応用できるかもしれません。そこで，その特徴を生かし，次のような活動を考えることができます。

Example 27

　こんなロボットがあったらいいなと思えるロボットの企画を考え，英語でプレゼンテーションをしてもらいます。ALTのJohn先生に社長になってもらい，どの企画を採用するかを決めてもらいます。採用したいと思わせる企画を考えよう。

視聴覚室のプロジェクターやマイクを使って発表をすると生徒に伝えれば，この活動に対するモティベーションが上がってきます。
　表現活動をつくるポイントとしては，次のようなものがあります。

　　☐　表現活動の目的が明確か？
　　☐　誰に対しての表現なのか？
　　☐　どのような場面での発表なのか？

　要するに，その表現活動に必然性があるかどうかということです。何のためにその表現活動をするかが明確になっていれば，活動への取り組みが真剣になってきます。また，いったい誰に対する表現であるのか具体的に理解できればできるほど，表現内容も具体的にイメージできるようになります。クラスの前で発表するのか，ALTとのやりとりなのか，などどのような場面で表現させるのかがはっきりしていると，表現内容や表現方法を工夫して考えるようになります。
　このように，リーディングのポスト活動として，魅力的な表現活動を準備することで，テキストで使われている表現語句や内容をもとに，テキストを再度確認させることができると同時に，習った知識を活用する場面をつくりだすことができます。

4.4

表現：本文内容をもとに表現させる

Idea Bank 教科書をもとに表現させるアイデア

- 紙芝居をつくろう
  〈物語文を読み終えて〉
  読み終えた物語文をもとに，英語で紙芝居をつくってみよう

- 企画をプレゼンしよう
  〈未来ロボットの説明文を読み終えて〉
  こんなロボットがあったらいいなと思うロボットの企画を考え英語で説明しよう

- 手紙を書いてみよう
  〈ジョン・レノンの伝記文を読み終えて〉
  15歳の頃のジョンに手紙を書くとすれば，何を彼に伝えるか考えよう

- スキットを作ろう
  〈異文化に関する説明文を読み終えて〉
  よくある外国人と日本人のミスコミュニケーションをスキットにして実演してみよう

- 調べた結果を発表しよう
  〈比較級が使われた説明文を読み終えて〉
  世界の高校生の勉強時間を調べて，グラフや表などを使って発表してみよう

- ディスカッションしよう
  〈コンピューターに関する説明文を読み終えて〉
  「コンピューターはよいものである」という考えについてディスカッションしてみよう

- [ ] テキストを朗読しよう
  〈Mother's Lullabyを読み終えて〉
  戦争の怖さと悲しさが伝わるよう感情を込めて朗読してみよう

- [ ] Show & Tellをしよう
  〈人々に希望を与えた人物の説明文を読んで〉
  自分が憧れている人物についてALTに紹介しよう

- [ ] スピーチをしよう
  〈人生に大切なことについての伝記文を読んで〉
  自分の将来の夢について発表しよう

- [ ] 地域の紹介をしよう
  〈オーストラリアのシドニーの紹介文を読み終えて〉
  ALTの友達が日本にやってきます。おすすめの観光スポットを紹介してあげよう（ベストガイド賞には，おみやげあり！）

- [ ] アイデアを出そう
  〈環境問題についての説明文を読んで〉
  自分が気をつけていることについてpollutionやshouldを使って，アイデアを表現しよう

- [ ] 自分のことを表現しよう
  〈教科書で習った新出構文を使って〉
  "If I were 〜, I would 〜."の表現を使って，今の気持ちを表現してみよう

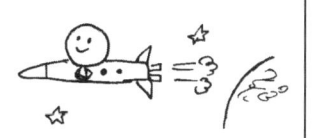

4.4 表現：本文内容をもとに表現させる

第4章 生徒の読みを導く発問をつくろう

(3) 表現させるまでのステップを組もう

　表現活動を用意して，いきなり生徒に表現させようとしても，なかなか表現できません。そのような場合，表現させるまでのステップがうまく組まれていないことがよくあります。生徒が自信をもって英語での表現ができるように，いくつかのスモールステップを組むようにしてみましょう。

　では，次のような英文テキストの論理構成をもとに，どのような表現をさせることができるでしょうか。

Example 28

　Cultures are often labeled by using the word "context" as well. Some cultures are called "low context," while others are called "high context." In low-context cultures, people communicate their ideas and feelings to others clearly and concretely in most situations. On the other hand, in high-context cultures less needs to be said directly, since much of the message is assumed to be understood according to the situation or through shared experience. In other words, compared to a low-context culture, the setting and situation are more important in a high-context culture.

(*Unicorn English Reading*)

　この説明文は，2つのものを比較対照しており，while, some/ the others, on the other handなどといった比較する際によく使われる英語表現が多く使われています。そこで，次のような問いを考えることができます。

ステップ	発問例
■ STEP 1 活動の目的を提示する 活動の意義を感じさせる	○教科書本文を参考にして，「どっちが好き？」というタイトルで2つのものを比較し，自分の好みを英語で表現しましょう。以下のものから選択します。〈メガネ vs. コンタクト，ドコモ vs. au，その他〉 ○書いたものは，あとで友達の前で発表します
■ STEP 2 モデル文を提示する 教師のモデル文を示し，正しく読み取らせる	〈教師がモデルを見せて，モデル文を配布する〉 ○何が好きと書いてある？ ○理由はいくつある？それは何？ ○1番目の特徴の違いは？2番目の違いは？ ○結局，何にこだわってる？

■ STEP 3 モデル文を理解させる どのような表現や構成がよいのか気づかせる	○いくつの段落で展開されている？どんな関係？ ○トピックセンテンスはどれ？ ○2つのものを比較するのに重要な表現はどれ？ 〈例文を示し用法を学ぶ〉 ○2つのことを比較することで，どんな効果が出る？
■ STEP 4 アイデア構築を支援する 考えを豊かに表現するために考えさせる	○トピックを決めよう ○なぜそれが好きなのか理由を考えよう ○類似点と相違点を箇条書きしよう ○簡単な英語で表現してみよう ○わかりやすい構成か考えてみよう
■ STEP 5 考えた表現を発表させる 表現相手を意識させる	○声に出して何度も読んで，わからない発音を確かめておこう ○できるだけ対比がわかりやすくなるような読み方の工夫をしよう
■ STEP 6 フィードバックを与える	○友達の発表に対してコメントしよう 〈理由がわかりやすい生徒の発表を取り上げて〉 ○みんなでどこが良いのか考えてみよう

Example 29 生徒に提示する教師のモデル

　Have you ever been to Starbucks or Doutor? These are both famous coffee shops. They are very similar, but I like Starbucks better than Doutor. There are two reasons.

　First, there are more kinds of drinks and sweets in Starbucks. We can enjoy different tastes of coffee and delicious cakes and cookies. On the other hand, in Doutor there are not so many items.

　Second, I prefer non-smoking coffee shops. Both shops have a good atmosphere. But Starbucks doesn't have a smoking area while Doutor has. I think it is very important for me because I don't like smoking.

　That's why I like Starbucks better. I think we can enjoy the taste of coffee more in Starbucks.

　ここで示した指導展開の特徴は，丁寧にステップが組まれていることにあります。STEP 1では，教師が生徒にこれからどのような活動をするのか，表現活動の目的をはっきりと提示し，生徒に活動の意義を感じさせていま

す。

　STEP 2では，教師が作ったモデル文を生徒に提示します。教師自身がモデルを示すことは，教師が前もって表現活動を体験することにもなります。どこで生徒をサポートするか，あるいは，どこで生徒はつまずきやすいかを具体的にイメージすることができます。また，モデル文のなかに生徒に学んでほしいポイントを教師が直接示すことができます。そして，なによりも教師がモデルを示すことで，生徒は興味をもち，目標が明確になり，活動へのモチベーションを高めます。

　STEP 3では，教師が示したモデル文の内容を生徒に理解させます。モデル文を単に提示するだけでなく，モデル文に何が表現されていたかを確認したり，生徒に参考にしてほしいと考えている表現方法について教師が解説したりすることで，後の生徒の表現活動への取り組みがスムーズになります。

　STEP 4では，生徒が表現内容を考えることを教師がサポートします。表現内容が豊かになるように生徒にヒントを与えたり，考えを広げたり精選させたりしています。また，表現相手が誰であるか，表現目的は何であるのかを考えさせながら，どのような表現を使えば受け手にとって理解しやすくなるか，あるいは，どのような構成であればわかりやすいかを考えさせます。

　STEP 5では，実際に生徒に発表させます。できるだけ表現相手をはっきりさせることが，表現活動では重要です。表現相手が目の前にいれば，表現する側も表現する意義がはっきりし，何をどのように表現すればよいかが明確になります。

　STEP 6では，発表が終わったところで，フィードバックを発表者に与えます。発表内容のどこが良かったのか，あるいは，どこに注意すればさらによい表現になるか，といった教師からのコメントや，ほかの生徒からのコメントを得ることで，活動をやりっぱなしで終わることなく，次の発表の機会にコメント内容が生きてくるはずです。

STEP 1　活動目的の提示

STEP 2　モデルを示す

STEP 3　理解する
・表現
・構成

STEP 4　アイデア構築

STEP 5　表現活動

STEP 6　フィードバック

4.4

表現：本文内容をもとに表現させる

Idea Bank　表現活動のステップの例

	STEP 1 目的の提示	STEP 2 モデル文の提示	STEP 3 モデル文の理解
スピーチ	□自分の将来の夢についてみんなの前で発表してもらいます	□ALTの将来の夢「日本語の教師になること」をモデル発表として聞いてみよう	〈ALTの発表で〉 □ALTの夢は何？ □その理由は？ □何がきっかけ？ □今後何をする？
Show and Tell	□自分が憧れている人物を写真を提示しながら発表します □原稿を見ずにみんなの前で発表してもらいます	□JTEが憧れている「宮崎駿監督」について紹介します。しっかりと聞いてみよう	〈JTEの発表から〉 □憧れは誰？ □それはどんな人？ □どこに憧れてる？ □抱負は何？
ディベート ディスカッション	□「インターネットは良いものである」についてグループに分かれて簡単なディベートをします	□ALTとJTEが今から賛成・反対の意見と理由を述べます。しっかりと理由を聞いてみよう	□ALTとJTEはそれぞれどんな意見だった？ □それぞれの具体的な理由をあげよう
スキット ロールプレイ	□外国人と日本人との間でよくあるミスコミュニケーションをスキットにして発表してもらいます	□ALTとJTEが今からよくあるミスコミュニケーションのスキットをします。何がおかしいのかよく見ておこう	□ALTとJTEのスキットで扱っていた具体的な場面は？ □何がおかしいのでしょう？

STEP 4	STEP 5	STEP 6
アイデア構築の支援	発表	フィードバック
□あなたの夢は何？ □その理由は何？ □そのきっかけは？ □今後の抱負は？ □伝えたいことは？	□大きな声でゆっくりと話そう	□友達からコメントをもらおう □ALTにコメントをもらおう
□あなたの憧れは誰？ □それはどんな人？ □どこに憧れてる？ □抱負は何？ □伝えたいことは？	□みんなにしっかりと写真を見せながら，わかりやすく話そう	□友達からコメントをもらおう □クラス担任にも来てもらってコメントをもらおう
□あなたは賛成？反対？ □その理由は？ □具体的なエピソードは？ □もう一度意見をまとめると？	□みんなに自分の意見が伝わるようゆっくりと大きな声で話そう	□クラスのみんなが勝者を判定します □友達からコメントをもらおう
□あなたは何を例に取り上げる？ □よくある行動は？ □何がおかしいの？ □どこを強調して演技する？	□セリフを覚えよう □役になりきろう	□ALTに「よくあるで賞」を決めてもらいます □ALTにコメントをもらおう

4.4 表現：本文内容をもとに表現させる

●英語教育コラム(4)

elaborative inferenceとsituation model

elaborative inferenceとは

　私たちが文章を理解したとき，頭の中には文章から抽出した意味が残る。その意味はどのような形をしているのか，リーディング研究において，テキストの理解度を心的表象のレベルで捉える考え方がある。心的表象とは，あるテキストを読んで記憶に残ったものを指し，テキストの理解度の深さはこの心的表象の精密さの度合いを指す。

　Kintsch (1998) は，図1のように，テキスト理解における心的表象を浅いレベルから深いレベルまで3つのレベルに分けた。

　　　　浅いレベル
　　　▲　(a)　表層的記憶（surface memory）
　　　　　(b)　命題的テキストベース（propositional textbase）
　　　▼　(c)　状況モデル（situation model）
　　　　深いレベル
　　　　図1．3つの心的表象レベル（Kintsch, 1998；西本，2005）

　例1）Jack missed his class because he went to play golf. He told his teacher he was sick.　　　　　　　　　　　　(Kintsch, 1998：106)

　例1の英文をもとに，この3つのレベルを見てみる。(a) 表層的記憶レベルでは，提示された文章そのままの単語配列を記憶することを指し，(b) 命題的テキストベースとして，〈ジャックは授業を欠席した〉〈彼はゴルフに出かけた〉〈彼は先生に言った〉〈彼は病気だった〉のように一文一文の命題を記憶するレベルがあり，(c) 状況モデルとして，〈ジャックは授業をズル休みした〉という命題上には示されていない事柄を推論し記憶するレベルがあるとされる。この命題と命題をつなぐ一貫した意味的なつながりの推測は，精緻化推論（elaborative inference）と呼ばれる。

situation modelとは

　精緻化推論を使ってテキスト内容を理解するレベルは状況モデル（situation model）と読ばれる。状況モデルは，文章によって描かれている全体のイメージであり，文章と読み手の既有知識を統合することで作り上げられる。読みの熟達者の方が，初心者よりも推論を多く使っているとの報告もある（Horiba, 1996）。精緻化推論により生成された状況モデルは，読み手のテキスト理解が深まってできたものと捉えることができる（Graesser, et al., 1994）。どれくらい精緻化が起きるかは，テキストの内容や，読み手側の目的や動機，背景知識の有無に影響を受けると考えられている（Kintsch, 1998）。

リーディング指導への示唆

　これらのことはリーディング指導にどのような示唆を与えているのだろうか。センテンス1つ1つの意味が理解できたとしても，文章の一貫したメッセージを捉える状況モデルが，読者の頭の中に構築されていなければ，そのテキストを理解できたとは言えない。文章全体を一貫したメッセージとして理解してこそ，真の意味での読みの行為になるものと考えられる。そのためには，リーディング指導において，精緻化推論を含む多様なレベルの発問で生徒の読みを促すことが大切で，豊かな読解力を育成する上で欠かせないものと思われる。

◆参考文献

Graesser, A. C., Singer, M., & Trabasso, T. (1994). Constructing Inferences During Narrative Text Comprehension. *Psychological Review, 101 (3)*, 371-395.

Horiba, Y. (1996). Comprehension processes in L2 reading: Language competence, textual coherence, and inferences. *Studies in Second Language Acquisition, 18*, 433-473.

Kintsch, W. (1998). *Comprehension : A Paradigm for Cognition*. Cambridge：Cambridge University Press.

西本有逸（2005）「リーディング」田中正道（監）『これからの英語学力評価のあり方』105-117頁　東京：教育出版

さらに上をいく発問テクニック

▼

5.0 主体的な関わりを生み出す発問　164

▼

5.1 本質性を高める　166

▼

5.2 間接性を高める　174

▼

5.3 意外性をもたせる　182

▼

5.4 多様性を引き出す　190

▼

5.5 偶然性を生かす　198

5

5.0 主体的な関わりを生み出す発問

　ここまでの章では，発問づくりのプロセスに焦点を当てて見てきました。今度は発問の特徴について見ていくことにします。
　読者の皆さんも生徒とのやりとりの中で教室を学びの場にしようと，日々取り組まれていることでしょう。しかし，いろいろと生徒に問いかけているのに，生徒の反応が良くないということはないでしょうか。教材解釈をし，授業展開や発問をしっかりと考えて授業に臨んだのに，生徒は期待したほど意欲的に取り組まず，指導の効果があまり感じられない場合があります。
　それはなぜでしょうか。その理由を生徒の立場に立って考えてみましょう。

> □　発問がテキスト内容から外れすぎている
> □　教師が答えをすぐに与えている
> □　当たり前のことを尋ねている
> □　答えが一つしかない発問である
> □　発言しても教師が聞いてくれないと思っている

　生徒の立場で発問を考えると，このように発問する側に問題があることが考えられます。では，どのような工夫をすれば改善できるのでしょうか。
　生徒がテキストに興味をもって自ら進んで読んでみようと思わせる発問には，5つの共通した特徴があります。それは，本質性，間接性，意外性，多様性，偶然性という特徴です。これらの特徴を発問に取り入れることができれば，生徒の反応もよくなり，主体的に取り組むようになるでしょう。クラスの雰囲気もよくなるはずです。
　本章では，図1に示すような発問の5つの特徴をつかむことができるように，具体的に見ていくことにします。

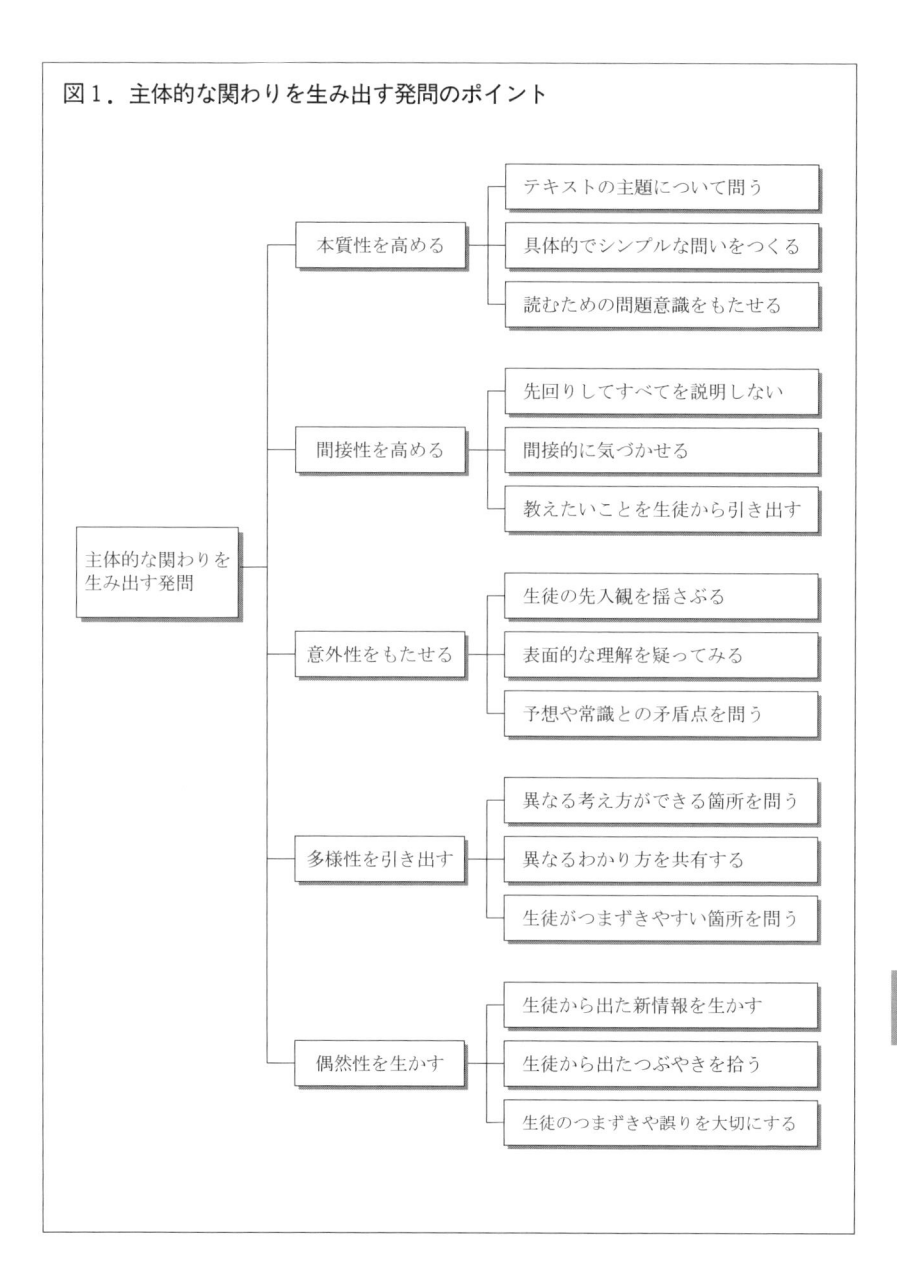

図1．主体的な関わりを生み出す発問のポイント

- 主体的な関わりを生み出す発問
  - 本質性を高める
    - テキストの主題について問う
    - 具体的でシンプルな問いをつくる
    - 読むための問題意識をもたせる
  - 間接性を高める
    - 先回りしてすべてを説明しない
    - 間接的に気づかせる
    - 教えたいことを生徒から引き出す
  - 意外性をもたせる
    - 生徒の先入観を揺さぶる
    - 表面的な理解を疑ってみる
    - 予想や常識との矛盾点を問う
  - 多様性を引き出す
    - 異なる考え方ができる箇所を問う
    - 異なるわかり方を共有する
    - 生徒がつまずきやすい箇所を問う
  - 偶然性を生かす
    - 生徒から出た新情報を生かす
    - 生徒から出たつぶやきを拾う
    - 生徒のつまずきや誤りを大切にする

5.1 本質性を高める

■ 本質性とは

　本質性とは，テキストの主題をズバリと突いて問うことです。テキストの中でももっとも欠かすことのできない本質的な部分を問うことで，生徒に読むことの楽しさや学ぶ価値を自然と感じさせ，今から読むテキスト，あるいは今読んでいるテキストをぜひ読んでみたいと思わせることができます。

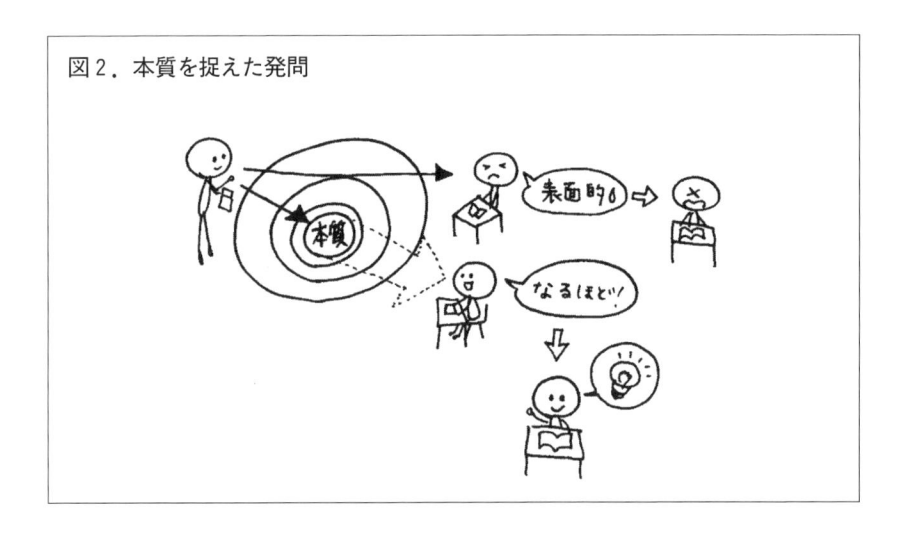

図2．本質を捉えた発問

　発問は生徒をテキストに向き合わせ，英文をしっかりと読み取らせるための仕掛けです。教師が発問して生徒の意識がテキストから離れていくようであれば，その発問は良い発問とは言えません。

　本質から外れた問いでは，テキストの表面的な理解になり，結局テキストで何を学んだかよくわからないということになってしまいます。一方，本質を突いた発問であれば，生徒は教材の良さを感じ，主体的にテキストと向き合うことができるようになります。ここでは，本質を捉えた発問をつくるコツを具体的に見ていきましょう。

本質を捉えた発問にするには

□ 主題をズバリと捉えよう

テキストの本質から外れていることばかり尋ねていると，生徒の意欲を下げてしまったり，時間がかかり過ぎてしまったりします。教材の主題をしっかりと捉え，その主題をズバリ問うような発問を考えてみましょう。

□ シンプルに問おう

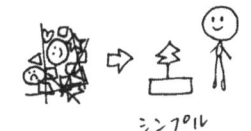

問いが複雑であったり，あいまいであったりすると生徒はどのように答えてよいか迷います。簡単に答えることができるようにしたり，答えをイメージしやすくなるよう工夫したりするなど，答える側が答えやすいように具体的でシンプルな問いを考えてみましょう。

□ 生徒が意義を感じるよう工夫しよう

自分自身と関連があると思える事柄は，考えようとするものです。ぜひ考えてみたいなと生徒に思わせるためには，教材のどこが生徒と関連しているのか，教材の何が生徒にとって魅力的なのかを見極めましょう。

本質を捉えた発問をつくるコツ

□ テキストの主題に関わる問いをつくる
□ 具体的でシンプルな問いをつくる
□ 読むための問題意識をもてる問いをつくる

(1) テキストの主題に関わる問いをつくる

　リーディング指導における教材の本質とは，英文テキストの核にあたる主題であるとも考えられます。主題とは，テキストを通して筆者が読者に訴えかけようとしていることを指します。文章の主題に関連した問いを意識的につくることで，ブレの少ない本質に迫った問いをつくりだすことができます。

　次のExample 1は，同じような商品群の中から自社製品を消費者に購入させるために苦労して考え出される広告戦略についての説明文です。

Example 1

　Each day, we see dozens of advertisements on TV, in magazines, and on billboards. Interestingly, if we look at these ads carefully, we can find that most of them use one of three types of appeal.

(*Genius English Course I*)

　このテキストを導入するにあたり，次の2つの発問を比べてみましょう。何が違うか考えてみて下さい。

Example 2
　●携帯は何使ってる？
　○ドコモ。
　●いろんな会社があるけどなぜそれにしたの？
　○無難だから。
　……

　Example 2は，数ある商品群から生徒たちは何を買うのか，携帯電話を例にあげ，どんな携帯電話を買っているか生徒に尋ねています。このような展開では，企業の広告戦略には3つのタイプがあるという主題からはどんどん外れていってしまいます。このように，トピックについて生徒に考えさせているだけで，テキストの主題につながることなく，的が外れている導入をしてしまうことはよくあります。

　では，次の場合はどうでしょうか。

> **Example 3**
> ●携帯のCMのうちどれが好き？
>   1)softbank　2)docomo　3)au　4)その他
> ○softbank
> ●なぜ？
> ○かわいいし面白いから
> ●〈他のCMについても同様に尋ね〉では，本文に入っていきましょう

　同じく導入における発問です。この導入では，大量消費の社会の中で消費者に対して巧妙に広告戦略が練られているという英文の主題に，うまく生徒の意識を向けさせています。

　このように，このテキストの話題を身近なものとして捉えさせると同時に，主題への伏線をはっておけば，英文テキストを読むにつれて，導入の意義がより深く理解できるようになるでしょう。Example 2 と Example 3 の違いは小さいかもしれませんが，教材の本質である主題とこの発問がどのように関係しているかという視点で見てみると，その違いは大きいことがわかります。ポイントは，テキストの本質的な部分をつかみ，それと同時に，教師自らが面白いと心が動いた部分を探すことです。

(2) 具体的でシンプルな問いをつくる

具体的でシンプルな問いをつくることも本質を捉えた発問をつくるポイントの1つです。本質を捉える発問には、生徒がイメージできるような具体性と、すべての生徒が考えることができるシンプルさが必要です。考える対象が具体的であればあるほど、その問いは生徒にとって身近なものとなり考えやすくなります。問いがシンプルであればあるほど、生徒にとって答えやすくなり印象も強くなります。

次のテキストは、世界の中で小さな子どもたちが過酷な労働者として扱われている深刻な実態を説明する文章の一部です。

Example 4

Child Labor, which is a serious human rights problem, does not usually gain the attention of people living in developed countries. In parts of the world, however, child workers are often seen in factories, fields and the streets. Children continue to be forced to work under bad conditions: ….　　　　　　　　　　　(*Genius English Course I*)

このテキストを導入するにあたり、次の2つの発問を比べてみましょう。何が違うか考えてみましょう。

Example 5
- ●子どもが働くことについてどう思いますか？　Aさん。
- ○……
- ●Bさん。
- ○わかりません。
- ●……

この発問では、生徒が何をどのように答えればよいか迷うはずです。「子どもが働くこと」と言われても、どの子どもなのか、働くとは何か、具体的にイメージすることができず、抽象的であいまいな問いになってしまいます。このような問いだと、生徒からの活発な答えを期待することは難しいでしょう。

では，次のような例はどうでしょうか。

> *Example 6*
> ●Are you happy? Yes or No?
> ○No!
> ●Why, not? Why do you say no?
> ○Because we have to study hard every day.
> ●Oh, you have to study every day. How about you, B-san?
> ○I'm not happy. We are too busy with club activities.

このやりとりでは，教師が"Are you happy?"ととてもシンプルに生徒に問いかけています。生徒はYesかNoでまずは答えればよいため，少しでも時間があれば，どちらかに答えることができます。また，今の自分が幸せかどうかを尋ねる具体的な問いです。授業の導入でのこの問いかけは，生徒の印象に強く残るはずです。この問いは，本文の主題を生徒の生活にとってもっとも典型的な課題として考えさせているからです。

教師のなにげない発問は，英文を読み進めるうちに，本文の主題を突いた鋭い問いであったことに生徒たちは気づくに違いありません。このような発問をするには，生徒と教材がどのように関連しているのかを考え，生徒の生活にとって身近な問題として迫ってくる問いを考えることです。生徒にとって身近な問題に対し，自分はどう考えるのか，どう感じるのかを問うということです。大事なのは，どの内容が生徒にとって関係のある身近な課題なのかをしっかりと見極めることです。

(3) 読むための問題意識をもたせる問いをつくる

英文テキストを読む目的や動機を高めるために，明確な問題意識をもたせる問いをつくりましょう。漠然と英文を読むのではなく，これから読もうとする英文に対して，「いったい何が問題なのか？」，「いったい何を知ろうとして読んでいるのか？」，「いったい何を目的として読めばよいのか？」を明確にさせることが大切です。

次のテキストは，第3章で取り上げた，元ブラジル代表サッカー選手のペレの伝記文の一部です。

Example 7

　　When Pelé was a child, he was very poor. He made his own soccer balls from cloth. He practiced very hard. When he was only 17, he played in his first World Cup final. During his career, he scored 1,281 goals. He led Brazil to three World Cup victories. His success gave hope to many people around the world.

(*All Aboard! English I*)

このテキストを使った授業展開の，while-reading段階での発問例を見てみましょう。

Example 8
- "His success gave hope to many people around the world." という文を日本語に訳してみましょう。
- ○「彼の成功は世界中の多くの人々に希望を与えた」です。

もしこの例のように日本語に訳すことのみで授業が終わるとすれば，このテキストの表面的な意味を理解することはできても，主題を本当に理解するには至らないでしょう。日本語の訳を求めただけでは，何のために書かれたテキストであるかといった問題意識を生徒にもたせることは難しいからです。

では，Example 8のあとに，次のような発問をした場合，どうでしょうか。

Example 9
- ●そうだね,「彼の成功は世界中の多くの人々に希望を与えた」という意味になりますね。
- ●では,"His success gave hope to many people around the world." とあるけど,なぜペレの成功は世界中の人々に希望を与えたのでしょうか?そこに注意してもう一度読んでみよう。
- ○〈テキストを読む〉
- ●なぜだと思う?
- ○ワールドカップで3回優勝したから。
- ●本文では何て書いてあった?
- ○He led Brazil to three World Cup victories.
- ●どのような少年時代を過ごしていたの?
- ○貧しい。
- ●どれほど貧しかったのかな?
- ○自分で布を使ってサッカーボールを作るぐらい。
- ●本文では何て書いてあった?
- ○He made his own soccer balls from cloth.
- ●なぜペレは人々に希望を与えたの?
- ○貧しいところから世界のトップに登りつめたから。

　この例のように,「ペレの成功がなぜ人々に希望を与えたのか?」という,英文を通して何を読み取るべきかを主題を捉えて問いかけることにより,何のためにその英文を読むのかといった英文を読む価値を生徒に示すことになります。このような発問は,英文テキストに対する生徒の読み方に大きく影響します。

　生徒が集中して学習に取り組むときは,学習する対象が有意義で大切なものとして生徒自身が認めるときです。授業を展開する中で,教材全体のテーマが見えてくるような問いを取り入れましょう。生徒に読みの楽しさや価値を感じさせるには,テキストの中でももっとも欠かすことのできない本質的な部分を問うことです。そうすることによって今から読む英文に対し,明確な問題意識をもって読みたいと思わせることができるのです。

5.2 間接性を高める

■ 間接性とは

　発問の間接性を高めるとは，教師が先回りして教えず，教師が与えるヒント情報をもとに，生徒が自分自身で答えを見つけ出せるような発問をすることを指します。教師が生徒の気づきを十分サポートし，生徒からの内なる気づきを引き出す手立てを工夫してはじめて，生徒の集中を生み出すことになります。

　間接性を高めるとは，別の言葉で言うと，生徒に考えさせる問いを投げかけることです。生徒に十分考えさせるために重要な要素が3つあります。それは，発問，考える時間，そしてヒント情報です。

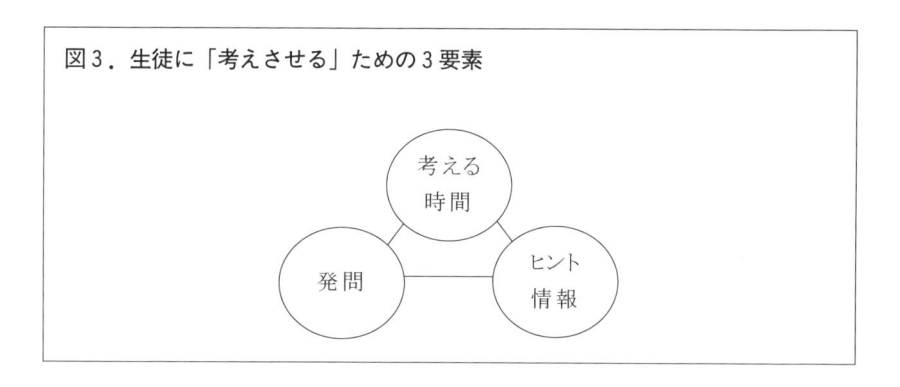

図3．生徒に「考えさせる」ための3要素

　この3つどれが欠けても，生徒はうまく考えることはできません。発問で考えるきっかけをつくり，ヒント情報と考える時間が生徒に十分与えられていれば，自分自身で答えに気づくことができます。教師が生徒のレベルに合わせた適切なヒントを与えて支援することは，足場かけ（scaffolding）と呼ばれます（Wood, et al, 1976）。詳しくは英語教育コラム(5)を参照してください。ここでは，生徒に考えさせ，気づかせる発問をつくるコツを具体的に見ていくことにしましょう。

間接性を高める際の留意点

□ 発問をまず投げかけよう

問いがなければ，考えることはできません。教師が問いを投げかけることから始まります。そのためには，何を考えさせるのか，どのようなヒント情報を与えるのか，どれくらい考える時間をもつのか，など計画を立てておく必要があります。

□ 考えさせる時間をしっかりもとう

教師に余裕がないと，生徒に考えさせる時間をなかなかもてないものです。生徒が十分考える時間がもてるように前もって授業を計画するようにしましょう。また，この生徒が考えることができたら，他の生徒もできているという場合があります。目安になる生徒を何人か決めておいて，確認するのもよいでしょう。

□ ヒント情報をうまく与えよう

いきなり考えようと言われても，考えることができないものです。どのようなヒントが適切であるか，どれくらいヒントを与えればよいか，どの段階で与えるか，など，ヒント情報をうまく与えましょう（詳しくは，第4章のp.123を参考）。

生徒に気づかせる発問をつくるコツ

□ 先回りしてすべてを説明しない
□ 間接的に気づかせる
□ 教えたいことを生徒から引き出す

(1) 先回りしてすべてを説明しない

　間接的に気付かせるとは，生徒が自分の力で主体的に考える部分を残すということです。生徒に主体的に気づかせるためには，教師が先回りしてすべてを説明しないということです。

　ここでは，次のExample 10とExample 11の例で具体的に考えてみましょう。地雷廃絶運動についての教材を扱った授業の導入部分での例です。この"Landmines, the Silent Killer"というタイトルがついていることから，このタイトルについて教師が導入している部分です。

Example 10

　今日からは，"Landmines, the Silent Killer"というタイトルの英文を読んでいきましょう。このタイトルの"the Slent Killer"というのは，土の中に埋められた地雷のことを指しています。カンボジア戦争が終わった後もなお人々は戦争の苦しみから逃れられないという話を読んでいきます。

　この例では，教師が生徒に考えさせることなく，情報をすべて与えてしまっています。タイトルに着目し，それを伝えようとする着眼点はよいのですが，教師が気づいたことや調べたことをそのまま生徒に伝えてしまっています。このようなことは，授業でありがちなことです。しかし，この例のようにすべてを説明してしまっては，生徒にとっては，一方的に情報が与えられる形になり，興味が湧いてきません。

　では，次のような導入をしたとすればどうでしょうか。

Example 11

● このレッスンのタイトルの"Landmines, the Silent Killer"の"Silent Killer"とは何を指していると思いますか？
○ Landmines
● なぜそのように考えますか？
○ Landminesとは地雷で，土に埋められているから。
● なぜsilentなのでしょう？
○ 人に気づかれることなく静かに土の中にあるから。

この例では，"Silent Killer"という比喩表現を教師が先に解説してしまうのではなく，どのような意味をもっているのかを生徒に考えさせています。正しい答えが生徒からたとえ出てこなかったとしても，"Silent Killer"とはいったい何を意味するのか，このタイトルの文章はいったい読者に何を訴えようとしているのかを，生徒は興味をもって読み解こうとするはずです。本文を読み進めるうちに，戦争後も，子どもたちの遊ぶ野原に地雷が静かに埋められている地域が，今でも数多く存在するという事実にハッとするに違いありません。

　教師が先回りして直接教えてしまうのではなく，教師の問いを通して教えたいことに生徒が自分の力で気づくように工夫をしてみましょう。

Q & A BOX

Q. 発問は，1つの授業の中でいくつすべきなのでしょうか？

A. 授業目標から逆算して発問を考えてみると授業の中で発問が最低限いくつ必要になるのかが明確になります。1つの授業にいくつの発問という発想よりも，教科書のレッスンにあるパートごとの目標にしたがって，どのような発問がいくつ必要なのかを考えましょう。
　また，発問は通常，1つの発問だけで構成されているわけではなく，中心的な発問の前後に，小さな補助発問が複数ある場合がよくあります。したがって，どのような補助発問をするのかも含めて発問の構想を練っておくと効果的です。

(2) 間接的に気づかせる

　生徒に考えさせたいことを直接尋ねて考えさせるのではなく，少し異なる角度から考えさせたい対象に迫った方が，より知りたいと思わせることができたり，深く理解できたりする場合があります。この場合，主題に気づかせるために何に焦点を当てるかが決め手になります。次の例で考えてみましょう。

　次のテキストは，「ハンナのかばん」という実話をもとにした物語文の一部です。

Example 12

　　Really, it is a very ordinary-looking suitcase. It is brown. It is big. But there is nothing inside it now. There is, however, writing on it : Hana Brady, May 16, 1931, orphan. The Japanese children know that the suitcase came from Auschwitz.

　　But who was Hana? The children wanted to know. Ishioka Fumiko, director of the Tokyo Holocaust Center, promised to find out.

　　　　　　　　　　　　　　　　　　　(*Big Dipper English Course I*)

　東京のホロコースト教育資料センターにある「ハンナ」と名前が書かれたかばんの持ち主を，センター代表である石岡さんが探した結果，ハンナと生き別れになった兄が生きていたことがわかります。アウシュビッツの生存者である兄とハンナのかばんが再会するまでを綴った深い内容の話です。

　このテキストをもとにした，2つの教師の働きかけを比較してみましょう。

Example 13

　　第2次世界大戦中，ドイツのアウシュビッツでは何の罪もない600万という命が奪われました。〈歴史の事典からの写真を見せる〉

　このような歴史的な事実を扱うテキストの場合，生徒に考えさせることなく事実の詳細について教師が先に説明してしまうことがよくあります。その事実を調べてみるとたくさんの資料が手に入り，それを生徒に伝えたくなります。しかし，教師が詳しく伝えれば伝えるほど，生徒は難しく重い内容で

あると感じ，導入の時点で，テキスト内容から離れていく可能性があります。

そこで，逆に，教師が教えすぎずに，間接的に主題への伏線をはる形で発問を考えてはどうでしょうか。次の例を見てみましょう。

Example 14
- ●どんなカバンをもってる？　いろんなカバンがあるね。カバンの中には何が入ってる？
- ○部活で使うユニフォーム。
- ○弁当。
- ●わぁ一杯入ってるね。窪田君のこのカバンかなり重いね。
- ○大森君の，もっと重いです。
- ●みんな名前書いてあるかな？
- ○あります。
- ●どんな大きさで書いてある？
- ○小さいです。
- ●〈ハンナのかばんの写真を見せ〉
  何か気づくことはありますか？
- ○何て書いてあるんですか？
- ○なんでスプレーがかけられてあるんですか？
- ●これはいったいどういうカバンなのか，テキストを読んでいきましょう。

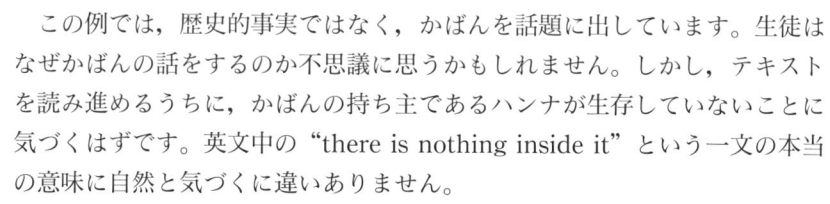

この例では，歴史的事実ではなく，かばんを話題に出しています。生徒はなぜかばんの話をするのか不思議に思うかもしれません。しかし，テキストを読み進めるうちに，かばんの持ち主であるハンナが生存していないことに気づくはずです。英文中の"there is nothing inside it"という一文の本当の意味に自然と気づくに違いありません。

ポイントは，直接的に尋ねることが難しい場合や直接尋ねてしまうと深い意味を捉えることができなくなるような場合には，あえて間接的に尋ね，主題への伏線をはるということにあります。間接的にテキストの本質に気づかせるために何かないかという視点で教材を眺めてみる必要があります。

5.2 間接性を高める

第5章　さらに上をいく発問テクニック

(3) 教えたいことを生徒から引き出す

　教師が答えを直接教えてしまうのではなく，発問を通して生徒に考えさせるためには，教師が教えたいことを生徒の口から発言させることが大切です。

　次のテキストは，耳の聞こえない忍足亜希子さんの挑戦を描いた伝記文の一部です。

Example 15

　"Life is full of adventures. Never give up, and have more guts!" These are the mottos kept in Akiko's mind. "I don't like to think about the things I can't do. Instead, I like to think about the things I can do. I want people around me to change and I also want to change and grow." By making the most of her abilities, she hopes that other deaf people will follow suit. "I believe dreams are for everyone."

(*Big Dipper English Course I*)

　教師が伝えたいことを生徒から引き出すためにもっとも大切なことは，教師が生徒の答えを待つことです。時間に限りのある授業の中で，生徒の答えを待つということは，教師にとっては難しいことですが，生徒にしっかりと考えさせ，授業に関与させるためには，教師は問いを出してから，生徒の答えを待つという基本を守る必要があります。

Example 16

- "I believe dreams are for everyone." の "everyone" とは，結局誰のことを指しているかというと，障害をもつ人たちも含めてすべての人々という意味が込められていますよね。

　この例では，教師がこの一文の "everyone" の意味を生徒に教えてしまっています。このように教師が一方的に教えてしまっては，"everyone" という意味に亜希子さんの思いが込められていることを生徒に深く考えさせ，自分で気づかせることはできません。

　では，どのようなことに注意すればよいでしょうか。そこで，次の例を見

てみましょう。

> **Example 17**
> ● "I believe dreams are for everyone." とあるけど，何を亜希子さんは信じているの？
> ○dreams are for everyone. ということ
> ●dreams are for everyone. ってどういう意味？
> ○夢はみんなのためにある
> ● "everyone" とは誰？
> ○耳が聞こえない人
> ●耳が聞こえない人をeveryoneって言ってるの？
> ○耳の聞こえない人も含めて，みんなに夢があるって言っている
> ●そうだね

　このように，生徒のことばの方が，教師が一方的に説明してしまうよりも，他の生徒にとって理解しやすいことがあります。自分たちで考えたことは記憶に残るはずです。生徒が既に知っている事柄を活用しながら，答えを自分たちで発見させるよう導くことが大切です。

　教師が答えを言うのではなく，発問を通して生徒に考えさせてみましょう。生徒に答えを言わせながら，教師がその発言を繰り返して，伝えたいことをまとめることができれば，一方的で受身的な指導になることなく，生徒の主体的な参加を促しながら授業をスムーズに展開できるようになります。同時に，発言した生徒の達成感を高めることもできます。

　そのためには，生徒から出てきた意見を教師はもう一度口頭で繰り返したり，わかりやすく表現しなおしたりして，確認していくことが大切です。そうしてクラスの中で，その生徒の意見をしっかりと共有しましょう。たとえ，自信のない小さなつぶやきのような発言であったとしても，教師がその発言を拾い，クラスで共有することができれば，その生徒の自信にもつながります。

5.3 意外性をもたせる

■ 意外性をもたせるとは

　意外性のある発問とは，生徒にとって意外なことについて尋ねたり，生徒が予想していなかったことに気づかせたりするような発問のことです。生徒の知的好奇心をくすぐる問いです。知的好奇心とはどのようなものなのでしょうか。次の例で考えてみましょう。

Example 18

（*Sunshine English Course 3*）

　この写真から気づくことは何でしょうか。山の斜面には木の切り株が見えます。男性は漁師です。後ろには大漁旗が立てられています。この男性は大漁旗を背に何をしているのでしょうか。海にいるはずの漁師が山で植林をしているところに興味が湧きます。森と海の関係を考えると，森林保護が豊かな漁場を作ることに密接に関わっていることが理解できます。

　このように既知と未知の間の矛盾を作り出し，その矛盾を解消するために引き起こる心的作用は，認知的不協和（cognitive dissonance）と呼ばれます（Hunt, 1965）。この認知的不協和が，意外性をつくるポイントです。

意外性を活用するパターン

☐ 「既知と未知のズレ」を活用するパターン

既に知っている情報に実は知らない側面があったり，まったく異なる事実が明らかになったりする場合，生徒の好奇心は強くなります。
例）蚊の卵は水がなくても生き続ける

☐ 「意見の対立」を活用するパターン

テキストの筆者との考えが異なっていたり，友達同士の解釈が異なっていたりする場合，生徒の好奇心は自然と高まります。
例）都会で暮らしたいか田舎で暮らしたいか？

☐ 「葛藤」を活用するパターン

自分の中の相反する2つの考え方に葛藤が起きる場合も深く考えることになります。
例）老後は介護施設に入りたいかどうか？

☐ 「否定」を活用するパターン

生徒から出された誰もが正解であると思う答えを教師が否定してみたり，逆に，不正解であると思われる答えが正解であったりすると，生徒の好奇心が高まります。
例）"book"って本当に「本」という意味なの？

知的好奇心をくすぐる発問をつくるコツ

☐ 生徒の先入観を揺さぶる
☐ 表面的な理解を疑ってみる
☐ 生徒の予想や常識と矛盾する箇所を問う

(1) 生徒の先入観を揺さぶる

　生徒の知的好奇心を高める方法の一つに，生徒のもつ先入観を揺さぶることが挙げられます。先入観を揺さぶるとは，生徒の経験から常識であると考えられるようなことを否定してみることです。常識を否定されることで，生徒は，「なぜ？」という疑問をもたざるを得なくなり，その疑問の答えや理由を探したくなります。

　ここでは，蚊の生態に関する説明文の導入について考えてみましょう。次の2つの導入を比べてみましょう。

> *Example 19*
> ●今日からは，蚊の生態に関する英文を読んでいきます。それでは，一文目から日本語に訳していきましょう。

　この例では，教師は導入の工夫をせずに，テキストを読ませようとしています。このような導入では，蚊の生態について読んでみたいという動機をもてずに，このレッスンを読むことになります。では，次のような導入を行った場合どうでしょうか。

> *Example 20*
> ●蚊のことをどれだけ知っているでしょうか？　次の問いに○か×で答えてみましょう。　　　　　　　　　　　　予想　　　結果
> (1) 人を刺すのはオスの蚊のみである　　　　　（　）　（　）
> (2) どんな人でも蚊に刺される　　　　　　　　（　）　（　）
> (3) 人に刺し込む針は蚊の口である　　　　　　（　）　（　）
> (4) 蚊が人を刺す時間は約10秒である　　　　　（　）　（　）
> (5) 蚊が刺したのと同時にかゆくなり始める　　（　）　（　）
> (6) 蚊が生きているのは1週間程度である　　　（　）　（　）
> (7) 水がないと蚊の卵は生きられない　　　　　（　）　（　）

　この例では，蚊に関するクイズを○×式で答えさせています。クイズの内容もテキストに書かれている事柄に関係した問いになっています。蚊の生態に関して，知っていそうで実は知らない情報をテキストを読む前に尋ねられ

ることで，実際のところはどうなんだろうと蚊の生態に関する事実をテキストから読み取ろうとするはずです。

　ポイントは，生徒のもつ先入観が本当に正しいのかどうか揺さぶることで，知的好奇心を高めようとしている点にあります。このような簡単なクイズは，生徒にとって新しい情報を数多く含むような説明文に適した活動の1つです。

Q & A BOX

Q. 発問は，口頭で行った方がよいのでしょうか。プリントで配布した方がよいのでしょうか。

A. 発問を印刷したプリントを配布すると，生徒にとっても教師にとっても「今何をしているか」が分かります。「はい，2番の問題」と教師が言えば，生徒はプリントを見ることになり，全員が参加しやすくなります。また，プリントとして残るため，授業の内容を覚えておきやすいと言えそうです。また，教師にとっても，複数のクラスで教えている場合，授業を着実に進めていくことにもつながります。

　しかし，プリントで配布されてしまうと，次に何を質問されるのかが生徒に先に分かってしまい，授業に新鮮味がなくなることがあるかもしれません。そのようなときは，プリントには書かれていない発問を，その場で思いついたようにして投げかけてみると，「先生は何を言っているんだろう」という感じで顔を上げて教師の方を見るに違いありません。とくに，授業のヤマ場を作り出すようなメインの発問の場合は，口頭で行うと集中を生み出します。

　すべての発問をプリントにいつも印刷しておくのではなく，授業中どのように生徒を集中させたいかを計画する中で，プリントには載せていない発問を口頭で生徒に投げかける発問もあってもよいでしょう。また，発問のコツがつかめてくれば，プリントに印刷しなくても生徒に直接発問を投げかける方がシンプルかつ効果的な指導ができるようになるものと思われます。

5.3 意外性をもたせる

第5章　さらに上をいく発問テクニック　　185

(2) 表面的な理解を疑ってみる

リーディング指導では，英語の文を日本語に訳せたとしても，表面的な理解にとどまり，生徒はその意味するところを正確に理解していないということがよくあります。表面的には理解したと思うことを本当に理解しているかどうかを再度確認してみることで，生徒の中に気づきが生まれたり，理解が深まったりすることがあります。

次の例は，手塚治虫の幼少期を描写した英文の一部です。この英文をもとに教師の発問について考えてみましょう。

Example 21

World War II ended on August 15, 1945. On that night, the city lights were turned on again. Tezuka Osamu looked at them. At that time he was sixteen years old. During the war, there was terrible bombing. He faced death again and again. "I'm alive!" he thought.

(*Big Dipper English Course I* より)

このテキストの1-2行目の解釈について，次の2つの発問を比べてみましょう。何が違うか考えてみて下さい。

Example 22

"On that night, the city lights were turned on again." を日本語に訳して下さい。

この例のように，英文を日本語に訳させることはよくあります。しかし，この指示だけで授業が進んでいくとすれば，生徒の理解を促したとは言えないでしょう。「町に再び明かりが灯された」という日本語訳を答えることができるだけでは，日々死と向き合わざるを得ない戦争がやっと終わったときの手塚治虫の気持ちを理解することはできずに，表面的な理解のまま読み進めることになるかもしれません。

では，次のように教師が発問した場合はどうでしょうか。

> **Example 23**
> - ●"the city lights were turned on again." とありますが，なぜか分かりますか。
> - ○「町に再び明かりが灯された」だから…。
> - ●再び明かりがついたということは，それまではどうだったのでしょうか？
> - ○明かりが消えていた。
> - ●なぜ明かりが消えていたと思いますか？
> - ○戦争だから？
> - ○"there was terrible bombing" とあるので，明かりがついていると爆撃されるから。
> - ●長い戦争が終わり，やっと明かりをつけることができたときの人々の気持ちはどんなものなのでしょうね。

　この例では，「町の明かりをつけることができないとはどういうことなのか？」と本当にその文の真の意味を理解できているかどうかを尋ねています。

　前後の文脈の意味を捉えると同時に，手塚治虫の過ごした少年時代が，どのような状況であったかを生徒に具体的にイメージさせることになります。手塚治虫が16歳のときという記述に注目し，「これは，いったい何歳のときのことなのか？」と年齢を押さえてみると，生徒はこの教材を自分にとって身近なものと認識し，自分とどのような関わりがあるのかを考えながら読み始めるに違いありません。

　本当にその文の意味を理解しているかどうかを疑ってみるような問いは，生徒の集中を生み出す発問として有効です。とくに，表面には書かれていない情報が文章中に隠れている部分を，教師が教材研究の段階で見つけたような場合は，表面的な理解を疑って，深く発問してみることができます。

(3) 生徒の予想や常識と矛盾する箇所を問う

　生徒の中に矛盾や対立を引き起こすことによって，テキストに対する興味関心を高め，授業における集中を生み出すことができます。
　次のジョン・レノンの伝記文を導入する段階での発問について考えてみましょう。

Example 24
　　今日は，ジョン・レノンについての英文を読んでいきます。では，最初にビートルズ時代のジョン・レノンの曲である"Help"を聴いてもらいます。それから，配布した歌詞に空所があるので，聴き取れた部分を埋めていきましょう。

　これは，ジョン・レノンの曲を聴かせた後，曲を聴きながら歌詞を穴埋めさせるというよくあるパターンの例です。ただ聴かせるだけでは不十分であると思い，穴埋めさせて少しでも生徒に活動させようとしている意図は感じられます。では次のようにアレンジした場合はどうでしょうか。

Example 25
　●今から，ジョン・レノンの曲を実際に聴いてもらいますが，次のうちどのような内容を歌った曲でしょうか？
　　a) Lover　b) Struggle　c) Hope　d) War
　　歌っている内容を曲のイメージから判断してみてください。
　　〈ジョン・レノンの曲"Help"をタイトルを告げずに聴かせる〉
　○〈曲の一部を聴く〉
　●どうでしょう。4つの選択肢のうち一つに手をあげてください。
　○〈4つの選択肢のうち一つに手をあげる〉

　この発問は，ジョン・レノンの苦悩と音楽への没頭を主題にした英文を導入する前のやりとりです。上の問いに対する生徒の答えは，選択肢の4つそれぞれに分かれるものと予想されます。"Help"は明るい感じの曲であるため，ジョンの生きる苦悩を歌った歌であるとは，生徒にとっては予想外であると考えます。同じ曲を聴いたにもかかわらず，異なる意見があることに生

徒は意外であると感じるでしょう。しかし，テキストを読み進めるうちにジョン・レノンの名声の裏にある苦悩が書かれていることを読み取ることになり，先に予想したこととの違いをよりいっそう強く印象づけることができます。

> **Q & A BOX**
>
> **Q.** 生徒の中に，自分で考えることを嫌がる生徒がいます。どのように対応すればよいでしょうか。
>
> **A.** そのような生徒の態度は表面的なことであることがよくあります。本当は，自分の考えや意見を言いたいし，自分のことを認めてほしいと思っているかもしれません。心の準備ができていないのに突然指名され困っている場合や，どのように答えればよいか良い手本になるものがなく，躊躇している場合が多く見られます。また，仮に意見があったとしても，「こんなことを授業で言っても良いのか」と思っているのかもしれません。まずは，教師がどのような意見が出てきても認めてあげることが大切でしょう。
>
> また，自由に考えるような問いに対して自分の意見を言うという活動そのものに慣れていないために，嫌がることが考えられます。そのためにも，段階を踏ませることが大切になってきます。例えば，"What kind of animal do you like?" と尋ねて，すぐ個人を指しても，犬，猫ぐらいしか思いつかず，"Why" と尋ねても，"cute" ぐらいしか言えないことがあります。教師ができることは，考えを広げて選ばせる工夫です。全体に尋ねてから，「じゃあ，動物っていろいろあるけど，何がある？」"dolphins, horses, birds, fish, pandas..." と広げたうえで，"What do you like the best? Why?" と尋ねれば，興味が湧き，答えを自分で見つけることができるようになります。自分の力で考えることができるようになる過程そのものを大切にしていきたいものです。

5.3 意外性をもたせる

5.4 多様性を引き出す

■ 多様性を引き出すとは

多様性とは，異なる考え方や捉え方を生徒から引き出すような発問のことを指します。一人だけで考えるよりも，複数のメンバーが協力し，対立する意見や異なる考えを突き合わせることで，より深いレベルの理解や思考を得ることができることがあります。

Example 26 She booked a room at a hotel. の訳で

（「本かな」「-edってことは動詞…？」「予約じゃないの？」「でもedがついているから本じゃないよ」「hotelのroomを××した？」）

1人では生み出せないような思考を複数のメンバーの協力により生み出す相互作用プロセスは，協同学習，または，構成的相互作用（constructive interaction）と呼ばれます（稲垣ほか，2002）。他者の多様な意見・解釈と自分の意見・解釈をつき合わせる協同学習は，生徒の理解力・思考力・表現力を発達させる可能性を秘めています。

クラスには多様な考えをもつ生徒がいます。授業中1つぐらいは，答えや解釈が1つに限らないことがあるはずです。異なる考えや解釈の違いのすり合わせから，多角的な見方や考え方ができるような問いを考えることができれば，新たな集中が生み出されます。

多様性を生かすための留意点

□ **生徒の意見をよく聞く**

教師が生徒の意見や考えを否定せず，まずは受け入れましょう。教師が生徒の発言をしっかりと受けとめることで，生徒の間に授業中になんでも言える雰囲気ができてきます。たとえ，誤った答えや考え方を言った場合であったとしても，発言したことを認めてあげることです。

□ **少し難しい問いを出す**

一人では解くことのできないような教材の本質を突いた問いを投げかけることで，様々な考えを引き出すことができます。簡単な基本的な問いではなく，生徒にとって少し難しい問いにするのがポイントです。生徒にとって挑戦的な問いであるほど，集中が生まれます。

□ **生徒の意見をつなぐ**

ある生徒の意見に対し，教師が「具体的に言うと？」，「そのわけは？」，「それで？」などと生徒の発言を促してみたり，「○○さんは，～って言ったけど，みんなは賛成？反対？」などと生徒と生徒の意見をつないだりすることで，学習集団での思考をさらに促す働きを教師がもつようにすることです。

多様な考え方を引き出す発問をつくるコツ

□ 異なる考え方や解釈ができる箇所を問う
□ 異なるわかり方を共有する
□ 生徒がつまずきやすい箇所を問う

(1) 異なる考え方や解釈ができる箇所を問う

多様な考え方を引き出すためには，テキストの中でも異なる考え方や解釈ができる箇所を教師が押さえ発問をつくることがポイントです。生徒が一人で考えてもできてしまうような単純な箇所を問うのではなく，複数の意見や解釈が生まれてくるような本質に迫る魅力的な問いを投げ掛けることで，生徒の思考が活性化することがあります。

次の英文はヘレンケラーの言葉ですが，この英文を使って考えてみましょう。

Example 27

The hilltop hour would not be half so wonderful if there were no dark valleys to traverse.

このテキストの英文の解釈について，次の2つの発問を比べてみましょう。何が違うか考えてみて下さい。

Example 28

●このヘレンケラーの言葉を日本語に訳してみましょう。
○もし暗い谷がなければ，山の上の時間はそれほど素晴らしくないだろう
●そうですね。

この例では，英語を日本語に訳させているだけです。日本語に訳して終わっていては，恐らくこのヘレンケラーの言葉を理解したことにはならないでしょう。"the hilltop hour" や "dark valleys to traverse" が何を指しているのかを理解することで，この言葉の意味をより深く理解することになるはずだからです。また，何のためにヘレンケラーはこの言葉を残したのかを考えさせることもできるはずです。

では，次のような発問はどうでしょうか。

Example 29
- ●彼女の言葉は，どのような人に向けてのメッセージかな？
- ○障害をもった人々。
- ●そう思う？
- ○"dark valleys"とは，障害のことだと思う。
- ●なるほどね。他の考えの人はいますか？
- ○はい。みんなへのメッセージじゃないかな。
- ●なぜそのように思いますか？
- ○誰にでも"dark valleys"はあるし。

ヘレンケラーの言葉の中の"dark valleys"を障害の比喩として捉えれば，障害をもった人々を勇気づける言葉として捉えることができます。しかし，見方を変えてこの言葉を捉えれば，健常者に対しての怠惰な生き方への挑戦的な言葉であるとする別の角度からの意見も生徒から出てくるはずです。

テキストを一読すれば答えがわかるような問いを繰り返していると，生徒は意欲的に考えようとしなくなってしまいます。ときには，生徒から多様な考え方や解釈を引き出すようにし，意見の対立が起こるような発問をしてみるとよいでしょう。とくに，テキストの主題に関わる部分の中で，生徒によって異なる解釈ができるような部分は，注目してみる価値があります。

ポイントは，多様な考え方ができる部分での発問では，「それが正解です」と正解を1つにすることなく，「いろんな風に捉えることができますね」とあえて正解を求めず，答えることができたことをほめることが大切です。

5.4 多様性を引き出す

(2) 異なるわかり方を共有する

　テキストを読み進める中で，表面的な英語の意味は理解できるのに，何を言っているのか理解できないことがあります。このようなとき，わかる生徒とわからない生徒の間の異なる「わかり方」をうまく利用して，授業の中に集中を生み出すことができます。英語の苦手な生徒が先に答えを見つけることができるような場合，とくに，集中が高まります。次の英文例でこのことを考えてみましょう。

Example 30

　… if some new fact is related to something you already know, your hippocampus is more likely to remember it. For example, let's test your memory with the set of numbers below. If you find some relation to knowledge you already have, you will remember the set quickly. What relation can you find?
　　　1　8　3　6　5　4　7　2　9　0
　If you have been thinking for a few minutes and yet you have not found the answer, look at the every other number. What pattern can you find?

　　　　　　　　　　　　　　　　　(*Exceed English Series II*)

　このテキストの数列の解釈について，次の２つの発問の仕方を比べてみましょう。何が違うか考えてみて下さい。

Example 31

● どうしたらこの数字の列を覚えやすくなると本文では述べられているでしょうか？
○ ……
● では，渡辺さん，どうですか？
○ 一つおきの数字で見れば，1, 3, 5, 7, 9 と奇数が増えて，8, 6, 4, 2, 0 と偶数が減っています。
● そうですね。

この英文の意味を解くためのヒント情報は，"look at the every other number"にありますが，すぐには答えが見つからないかもしれません。文章の中の"every other number"という部分を正しく理解していたとしても，結局どういうことを言っているのか分からないかもしれません。この例の場合，数列の解釈について，すぐに答えの分かる生徒を指して，答えさせています。

　しかし，次のように教師が発問した場合はどうでしょうか。

Example 32
- ●どうしたらこの数字の列を覚えやすくなると本文では述べられているでしょうか？
- ○……
- ●答えが読み取れたら静かに手を挙げて教えてください。
- ○〈わかった生徒が次々と手を挙げていく〉
- ●わかったって言う人はどれくらい？　手を挙げて。
- ○まだの人は，がんばって。
- ●〈ヒントになる部分を強調して本文を読む〉

　生徒の中には，すぐにわかる生徒とそうでない生徒が出てきます。わからない生徒は，きっと悔しい思いをするはずです。逆に，先に答えがわかった生徒は，他の生徒よりも答えが先に見つかったことを嬉しく思うはずです。この例は，生徒のわかり方の時間差をうまく利用して集中を高めています。

　このように，答えが見つかりそうで見つからないような場合や，他の誰もが答えが見つからないのに自分だけ答えがわかるような課題の場合，生徒の集中が生まれます。答えに至るまでの時間の差や，答えの完成度の違いなど，生徒の中の異なるわかり方をうまく利用することで，英文テキストに対する知的好奇心を高めることができるでしょう。

(3) 生徒がつまずきやすい箇所を問う

　多様な考え方を引き出すポイントの1つに，テキストの中でも生徒がつまずくものと予想できる箇所を押さえて問いをつくることが挙げられます。生徒がつまずきやすい箇所の中でも，リーディング力の育成において大切であると思われる箇所はとくに生徒に問う必要があります。
　次のテキストでこのことを考えてみましょう。

Example 33

　Together with the import of potatoes, corn, peanuts, vanilla, green beans and pineapples, tomatoes transformed traditional cooking.
　　　　　　　　　　　　　　　　(*Milestone English Reading*)

　この文は，じゃがいも，とうもろこし，ピーナッツ，バニラ，いんげん豆，パイナップル，トマトといった7つのモノが併記されているため，どこまでが副詞句であって，どれが主語であるか生徒は迷う可能性があります。この英文に対する教師の2つの問いかけ方を比較してみましょう。

Example 34

　●この文は，まぎらわしい構造になっているので注意しましょう。この文の主語は，tomatoesですね。Togetherからpineapplesまでは，副詞句ですから注意してください。

　この例は，つまずきやすいポイントを教師が先に説明してしまっている例です。では，次の例はどうでしょうか。

Example 35

　●この文を日本語に訳してみましょう。
　○じゃがいも，とうもろこし，ピーナッツ，バニラ，いんげん豆，パイナップル，トマトが一緒になって伝統的な料理を変えた。
　●なるほど。同じ意見の人は？
　○〈手を挙げる〉

> ●長い文ですが，いったいどれが主語なのでしょうか？
> ○トマトだと思います。
> ●なぜそう思いますか？
> ○ "potatoes, corn, peanuts, vanilla, green beans and pineapples" とあるから，そこで切れると思う。
> ●どういうこと？
> ○語句を並列するときは，A，B，C and Dという形になると思います。
> ●そうですね。それでは，どのような日本語になるでしょうか？
> ○じゃがいも，とうもろこし，ピーナッツ，バニラ，いんげん豆，パイナップル，の輸入とともに，トマトが伝統的な料理を変えた。

　この文では，主語を曖昧な形で捉えてしまい，この文の正しい意味を理解できない生徒が出てくることが予想できます。そこで，あえてこの部分に焦点を当てて尋ねています。生徒からは誤った答えが返ってきても，すぐに教師が訂正してしまうのではなく，「本当にそのような意味なのでしょうか？」と聞き返す必要があります。なぜトマトが主語になるのかクラス全体で考えてみることで，文構造を正確に捉える力を育てることができます。
　重要なポイントは，生徒の誤りやつまずきを大切に扱うことで，クラス全員の理解を深めるということです。

5.5 偶然性を生かす

■ 偶発性を生かすとは

　偶然性とは，その場にいる生徒たちから出てきた事柄を生かすような発問を指します。教師の投げかける発問によって，生徒の理解や思考を導きながらも，生徒から何がでてくるか分からない自由な部分をつくり，あとは生徒に委ねて，その場で生徒に発表させることで，授業の中でも集中できる時間をつくりだすのです。偶然性をうまく生かすことで，思いがけない生徒の意見や考えを引き出し，クラスの中に集中が生まれます。

　次の例のようなやりとりで授業での偶然性を考えてみましょう。

Example 36
　生徒1：I was lucky because I found ten thousand yen on the road yesterday.
　生徒2：What, what, what? How many yen did you find?
　生徒1：Ten thousand yen.
　生徒2：Ten thousand yen? Wow!! I can't believe it!
　生徒1：I was very lucky.

　これは，自分のエピソードについての生徒同士の会話です。この例の中で見られる驚きの表現は，予想外の展開が起きたことを示し，内容の偶然性が高いことを示しています。一般的に，フォーマルなやりとりの中よりも，日常的な会話の中に，偶然性のある生きたやりとりが多いと考えられています。

　このように，ある程度予想できるが何が起こるか分からない，半ば偶然に半ば必然的に起きるものを偶然性（contingency）と呼びます。van Lier (1996) は，偶然性のあることばのやりとりが，もっとも言語学習を刺激し，学習者の学びへの集中を生み出すと捉えています。教師にとって大切なポイントは，生徒が発するメッセージを大切にするという姿勢です。こうした教師の姿勢が，英語授業での偶然性をより生み出します。

偶然性を生かす教師の良い反応例

　教師が生徒の発言に対して共感したり，驚きを示したりする反応が，生徒を授業に引き込みます。自然な反応を取れるようにしておきましょう。

☐　新情報を発見する表現パターン

What happened?/ How come?/ What did you do?/ What's the matter?/ What's wrong?/ What's the problem?/ Are you OK? など

☐　新情報に驚きを示す表現パターン

Are you sure?/ I can't believe it!/ That's amazing./ Do you really think so?/ Are you serious?/ You are joking!/ Oh, my goodness./ That's impossible./ I've never heard about it./ That's funny./ Wow!/ Sounds great! など

☐　生徒に共感する表現パターン

You did it!/ I'm happy to hear that./ You are so lucky./ I'm sorry to hear that./ That's too bad./ That's not so bad./ Oh, poor boy (girl)./ I know how you feel./ Never mind./ Don't worry about it./ Take it easy./ You can do it. など

偶然性を生かした発問をつくるコツ

☐　生徒から出てきた新情報を生かす
☐　生徒から出たつぶやきを拾う
☐　生徒の誤りやつまずきを大切にする

(1) 生徒から出た新情報を生かす

　授業での偶然性を生かすポイントの１つに，教師が生徒とやりとりする中で，生徒から偶然出てきた新しい情報を聞き逃さずに取り上げるということがあります。生徒から出てきた新情報を生かすとは，生徒の個性や経験，考えが垣間見えた瞬間を生かし，その情報をもとに生徒とのやりとりを発展させ，理解を深めるということです。

　次の例で見てみましょう。『葉っぱのフレディー』の物語文の導入での生徒とのやりとりの場面です。２つの例を比べてみましょう。

Example 37

●今日から読む英文は，"The Fall of Freddie the Leaf"です。
○先生，"fall"って「秋」っていう意味もありますよね。「落下」という意味もありますね。
●そうですね。よく気づいたね。日本語のタイトルは『葉っぱのフレディー』となっています。

　このように，生徒が思いがけないするどい発言をすることがときどきあります。そのようなとき，教師はどのような反応をしているでしょうか。Example 37 は，生徒の発言を教師が，さらりと流している例です。

　では，次のような例はどうでしょうか。

Example 38

●今日から読む英文は，"The Fall of Freddie the Leaf"です。
○先生，"fall"って「秋」っていう意味もありますよね。「落下」という意味もありますね。
●鈴木君，すごいところに気がついたね！　"fall"には，「秋」という意味と「落ちる」という意味があるということですね。
●じゃあ，なぜ「秋」は「fall」って言うかわかりますか？
○秋には葉っぱが落ちるからじゃないかな。
●すごいね！　その通り，葉っぱが落ちるから同じ"fall"が使われるようになったんですね。

生徒が"fall"の2つの異なる意味に気づき，教師はその気づきに興味を示し，その生徒との会話を少し発展させている例です。こうしたちょっとした教師の反応が生徒の集中を高めることがあります。ここで大切なことは，生徒から出てきた思いがけない発言や教師の知らない情報に対して，教師が反応してあげることです。発言した生徒は，その話題に深く関与することになるだけでなく，他の生徒にとっても新しい情報であるため，その生徒が何を言っているのか，あるいは，教師がどのように反応するのか興味をもって聞いています。

　授業の準備段階では，どのような生徒がクラスにいるのかを考え，生徒に活躍の場を与えるような発問を考えることもできます。例えば，教材でサッカー選手を扱っているような場合，サッカー部である生徒たちが活躍できるような発問を用意し，発言をある程度予想して，答えさせるようなことができるかもしれません。思いもよらない生徒が発言したり，面白い反応が返ってきたりして，授業の中にコミュニケーションが生まれます。新しい情報のない固定的な内容のやりとりではこのようなことはなかなか起こりません。

5.5

偶然性を生かす

(2) 生徒から出たつぶやきを拾う

　授業の中での偶然性を生かすポイントの1つとして，生徒のつぶやきをうまく拾うということがあります。生徒のつぶやきが指導にとって役立つものと教師が判断すれば，生徒のその小さな声を拾ってあげて授業の中で他の生徒と共有するのです。
　次のような例を見てみましょう。

Example 39
- ● "suddenly"の意味は何？
- ○ ……（無言）
- ○〈小声で〉サドンデスだ。
- ●〈生徒の小声に気づかず〉"suddenly"は「突然に」という意味です。いいですか。

　"suddenly"の意味について教師が尋ねたところ，ある生徒が小声で「サドンデスだ」と言ったにもかかわらず，教師は反応していない例です。
　一方，次のような例を見てみましょう。

Example 40
- ● "suddenly"の意味は何？
- ○ ……（無言）
- ○〈小声で〉サドンデスだ。
- ●そう，佐藤君がいいこと言ったよ。サドンデスという言葉に使われているって言ったよ。じゃあ，サドンデスってどういう意味？
- ○ゴールが決まったその場ですぐ試合が終了になるっていうこと。
- ●ということは"sudden"ってどういうこと？
- ○突然だ！

　この例は，「"sudden death"だ」というつぶやきに対し，教師がすかさずこの生徒のつぶやきを取り上げ，その生徒に活躍の場を作っています。日頃は英語が苦手だと思っていた生徒が，本質的な疑問や予想を超えた考え方を発言することがあります。そのようなときは，その発言を拾ってあげてク

ラスで共有するようにするのです。そういう対話の中で，小さなつぶやきがクラス全員のものとなり，誰もが参加でき活躍できる授業が生まれるはずです。

> **Q & A BOX**
>
> **Q.** 発言をした生徒を冷やかすような態度をとる生徒がいます。どうすればよいでしょうか。
>
> **A.** 冷やかしの内容にもよりますが，発言を冷やかされた生徒がどのように感じているかをよく見ましょう。友達の冷やかしの言葉を，冷やかしとは捉えていない生徒もいれば，少しの反応でも嫌だと感じる生徒もいます。もし，冷やかされたことに対して嫌だと感じているような場合は，その生徒の立場に立って，冷やかしの対象になった発言内容をその場できっちりサポートしてあげることが重要です。たとえば，「○○さんの言ったことは，△△という点ですばらしいよね」「○○くんの発言は，こういうことに気がついていないとなかなか見つけられないことだよ」というように，その生徒の発言内容を肯定的にフォローしてあげることが大切です。もしその冷やかされた時点で教師が無視してしまうと，「私の言ったことは間違っていたのかもしれない」と思わせることになってしまいます。
>
> 教師がそのような雰囲気を感じ取ったら，「自分の意見を述べることは大切なことですよ」「これはおかしいことではないよ」などとクラス全体にきっぱりと伝えましょう。そのような態度を教師が示し続けることで，徐々に冷やかす生徒の方もどのように反応を示せばよいかといった暗黙のルールのようなものを感じ取っていくでしょう。ただし，あまりにもひどい場合には，授業以外の場で生徒とじっくり話をする必要がありそうです。

5.5 偶然性を生かす

(3) 生徒のつまずきや誤りを大切にする

　生徒のつまずきや誤りを授業の中で取り上げることによって，生徒の理解や思考をよりいっそう深めたり，より確かなものにしたりするきっかけになることがあります。生徒は間違えて恥をかくことを怖がりますが，生徒の間違いそのものを授業に生かしていけば，何でも言える雰囲気が教室の中にできてきます。

　では，次の英文をもとにした2つのやりとりを見てみることにしましょう。

Example 41

　　John Lennon was born in 1940 in Liverpool, England. From early childhood, he was a sensitive child who preferred to be alone.

　　　　　　　　　　　　　　　　　　(*Exceed English Series II*)

Example 42

●「ジョンは社交的な子どもだった」は○ですか×ですか？
○マルです
●次の人どう？
○バツだと思います。
●そうだね。ここは，バツですね。はい，それでは次の問題…。

　この例は，生徒が○×式の問いに正しく答えることができず，教師がすぐ次の生徒に答えるように移ってしまっている場面です。時間に余裕がないようなときは，この例のように，正答を求めて，別の生徒にすぐ答えを求めてしまうことがあるものです。しかし，少し時間をとって，誤答した生徒にもう少し考えさせることも大切です。

　次の例を見てみましょう。

Example 43
- ●「ジョンは社交的な子どもだった」は○ですか×ですか？
- ○マルです。
- ●本文のどこから分かりますか？　どんな子どもだったのでしょう？
- ○傷つきやすい子ども。
- ●そうですよね。"sensitive child"からわかりますよね。では，who以下はa childを説明していますが，"prefer to"はどういう意味ですか？
- ○〜することを好む。
- ●じゃあ"a child who preferred to…"の文はどういう意味ですか？
- ○1人でいるのを好む子。
- ●ということは？
- ○社交的ではないから，×です。
- ●そうですね。

　Example 42と同じパターンの誤答ですが，ここでは，生徒が正しい理解に至るためのヒント情報を教師が少しずつ提示しながら，生徒の理解を支援しています。授業では，生徒が誤答をしたり，正答がわからず無言になってしまったりすることがよくありますが，生徒がつまずく部分では，正答そのものよりも答えに至るまでのプロセスの検討の方が大切なことが多くあります。よくわからなかった箇所やつまずいた箇所を，教師がヒントを提示しながら，生徒に考えさせることで，他の生徒も同じような問題の解決策を確認することができます。

　ここでのポイントは，生徒のつまずきや誤りを困ったことや邪魔なものとして扱わず，読み解くためのヒントを伝えるための機会であると捉えて，丁寧に対応することです。

5.5 偶然性を生かす

第5章　さらに上をいく発問テクニック

| Idea Bank　生徒の集団思考を促す基礎・基本 |

　授業を生徒同士の学び合いの場にするために，次のような点に注意してみましょう。

□　全体に問いを投げかけてから個人を指名し尋ねる

　　教師が一人の生徒を先に指名してから問いを投げかけ，その生徒に答えさせる場面があります。先に個人が指名されると，他の生徒は傍観者となり考えなくなります。クラス全体に問いを投げかけてから，まずは全員に考えさせ，それから個人を指名し尋ねるようにすると，全員が考えようとするため授業の中に良い緊張感が生まれ，生徒たちも答えを準備できます。

□　グループ活動を始める前に個人で考える時間をもつ

　　グループで話し合わせる場合，いきなりグループ活動を始めても，意見が出なかったり，一人の意見で議論を独占してしまったりするケースがよくあります。グループ活動を始める前には，一人ひとりに自分で考える時間をもたせるか自分の考えを書かせるなどして自分の意見を確認させた上で，グループ活動に移り，一人ひとりの意見を出させる必要があります。

□　生徒の発言した内容をクラス全員に教師が繰り返す

　　生徒の声が小さかったりはっきりしなかったりして，発言したことが聞こえない場合があります。生徒の発言をクラス全体で確認しないまま授業を進めると，良い発言にもかかわらず，全員で共有できないことになります。生徒に再度はっきりと大きな声で発言させるか，生徒の発言したことを，教師がもう一度クラスの生徒に向かって，繰り返すことが大切です。

☐ 生徒から出てきた意見を板書する

授業の中でもとくに多様な解釈や考えを引き出し共有したい場合，議論の中心となる問いを板書した上で，生徒から出てきた意見や考えを板書するとよいでしょう。生徒の意見を板書することで，生徒から出てきた意見を一覧することができ，論点がはっきりします。他者からの意見に対する気づきも大きくなります。また，自分の意見が大切にされていると感じ，主体的に発言しようとする姿勢が生まれてきます。

☐ 全員の聞く構えができてから教師は発問する

生徒がグループ活動で話し合っていて騒がしい状態のまま，教師が発言してしまうケースがあります。とくに，教師が重要な発問をする際には，生徒全員に聞く構えができていなければなりません。発問や説明をむやみに始めてしまうと，教師の発言を聞き逃す生徒が必ず出てきます。そのような場合は，「話すのをいったんやめて黒板を見ましょう」などと教師が指示をし，全員が教師の方を向いて聞く姿勢ができていることを確認してから，「これから大事なことを質問します」と言って発問することを心がけるとよいでしょう。

☐ どの生徒に活躍させるかを考えて指名する

クラス全員で，ある事柄を考えるときに，誰を指名するか迷う場合があります。授業の中でも重要度が低い問いのときは，指名をしないで自由に発言させたり，席順で指名したりしてもよいでしょう。しかし，重要な問いについて多くの生徒に考えを述べさせたいような場合は，生徒に挙手させて発言させるとよいでしょう。教師が机間巡視しているときに，英語の苦手な生徒が頑張って自分の考えを出していたような場合には，その生徒を指名し，生徒に活躍させる場をつくることも考えられます。

5.5 偶然性を生かす

第5章　さらに上をいく発問テクニック

●英語教育コラム(5)

発達の最近接領域とscaffolding

発達の最近接領域（ZPD）とは

　学習者が，ある課題を1人で解決できるレベルがある。一方で，大人や他者からの支援を受けることにより解決できる潜在的なレベルがある。この2つのレベルの間にある領域は，教育心理学では，発達の最近接領域（ZPD：zone of proximal development）と呼ばれる（Vigotsky, 1978）。

　このように学習者の発達を捉えると，教師による指導とは，学習者が発達させつつある領域に働きかけ，それまで独力での到達が不可能であったレベルのものを到達が可能なレベルにまで変える支援を意味する。教師のヒント情報と学習者の解決行動の双方の相互作用の中で，真の学習が生まれると考えることができる（森・秋田，2006）。

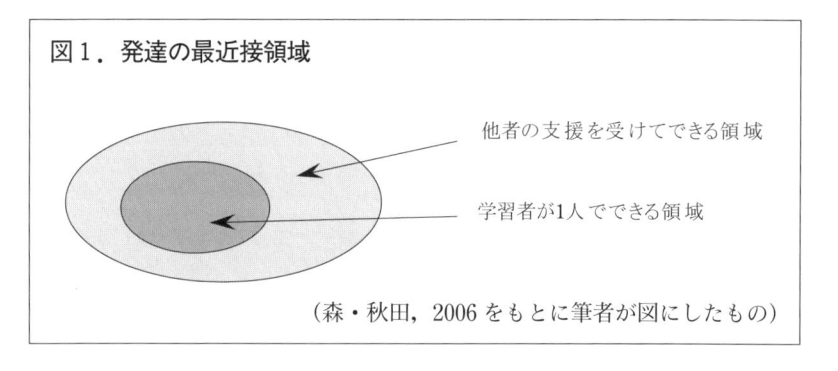

図1．発達の最近接領域

　　　　　　　　　　　他者の支援を受けてできる領域
　　　　　　　　　　　学習者が1人でできる領域

（森・秋田，2006をもとに筆者が図にしたもの）

　ここで，もっとも大切なことは，学習者は一方向的に指導を受けるのではなく，教師や他の学習者との相互作用を通して，自分の力で解決できる領域を自分の力で能動的に広げていくと捉えることである。

足場かけ（scaffolding）とは

　教師や他者が学習者のレベルに応じた適切な手がかりを与えて学習者を支援

することは，足場かけ（scaffolding）と呼ばれる（Wood, et al, 1976）。その足場かけには，多様な支援が考えられる。例えば，どのような課題に取り組むことが望ましいかを方向づけその課題に興味をもたせること，学習の現状レベルに応じ課題を単純化したり，課題の目的を明示したりすること，学習者に選択の余地を与えながらモデルを示したり，解決できたことを学習者に気づかせたりして，意欲を持続させること，そして，学習状況に照らし合わせて支援の程度を徐々に減らしていくこと，などである。

生徒が自分で読む力を支援する

このように捉えると，英語リーディング指導における教師の役割が明らかになってくる。それは，教師の支援がなくても，自力で読み進めようとする姿勢やその力，そして，自分で問いをもちながら読み進める力を育成することにある。教師が授業の中で，どのように生徒にとっての足場をつくるかを考えていくことは，まさしく，生徒に投げかける発問を考えていくことである。教師が，先回りしてすべてを解説していたり，単に訳を与えていたりするだけでは，読みへの姿勢や独力で読む力を育成することにはつながらず，リーディング指導における真の学びは起こりにくい。

生徒の現状を見据えて，どのような発問が効果的であるのか，どのような時点で発問をすべきなのか，あるいは，どのようにヒント情報を与えたり減らしたりすべきなのかを考え，発問を工夫することが必要になってくる。生徒が自分で解答や解決策を見つけることができれば，より深く理解でき，心に深く刻まれる有意義な活動となる。生徒自身で答えに到達できるような発問の工夫を計画的にしたいものである。そのような指導ができれば，生徒はもちろんのこと，教師も授業が楽しくなるに違いない。

◆参考文献

Vigotsky, L. S. (1978). *Mind in Society : The Development of Higher Psychological Processes. Cambridge*, MA：Harvard University Press.

Wood, D., Bruner, J. and Ross, G. (1976). The role of tutoring in problem solving. *Journal of Child Psychology and Psychiatry*, 17, 89-100.

森敏昭・秋田喜代美（編）（2006）『教育心理学キーワード』東京：有斐閣

発問を中心に授業を組み立てる

6.0 教材研究と発問から考える指導　212

6.1 説明文の指導モデルを見てみよう①　214

6.2 物語文の指導モデルを見てみよう①　222

6.3 物語文の指導モデルを見てみよう②　231

6.4 説明文の指導モデルを見てみよう②　242

6.0　教材研究と発問から考える指導

　これまでの章では，発問を中心とした授業づくりのステップとして，1) 教材の解釈，2) 生徒の把握，3) 目標の設定，4) 発問の考案，といった4つのステップを紹介しました。そして，授業展開に応じた発問づくりとして，導入では教材に対する生徒の心を開き，理解ではメッセージの正確な理解を促し，思考では主題を通して読みを深めさせ，表現では本文内容をもとに表現させる，という4つの展開ごとに発問づくりのポイントを見ました。そして，よりよい発問をつくるコツとして，本質性を高める，間接性を高める，意外性をもたせる，多様性を生かす，偶然性を生かすことを見ました。

　この章では，中学校や高校での英語の教科書に出てくるテキストを例に，実際のリーディング指導において，どのように教材を扱い，どのように授業を計画し，どのように授業を展開していけばよいかを，これまでの章で扱ってきた発問づくりのヒントを総合的に見ていくことにします。

　ぜひとも，次に述べるような視点でこの章の授業モデルを見ていただければと思います。第1に，どのように教材研究をすれば，豊かな発問づくりにつながるのかという点です。実際の教科書からのテキストを載せてありますので，ぜひ読者の皆さんも一緒に教材を眺めていただければと思います。

　第2に，生徒の実態をどのように把握し，どのように指導目標を立てるのかも参考になると思います。授業案づくりに悩む教師のために，具体的な授業案も載せました。実際の授業案では，教材解釈や生徒の実態，そして指導目標をどのように書けばよいのか参考になるはずです。

　第3に，授業の中で，発問を中心にしてどのように生徒とやりとりをすればよいのか具体例を示しました。発問をきっかけとした教師と生徒との具体的なやりとりを通し，授業のイメージが膨らむはずです。

　第4に，欄外には，これまで見てきた発問づくりのキーワードを取り上げ解説しました。発問づくりの考え方や発問の意図を確認してほしいと思います。また，解説を読んで気になった部分があれば，その章にもどって，再度読んでいただければ理解が深まるはずです。

図1．教材研究と発問から考える指導

さあ、どんな教材かな♪

あの生徒たちだから…目標を決めて…

こんな展開でいこう！

発問を工夫して…

おいしい！　おかわり！

生き生きとした授業のできあがり！！

第6章　発問を中心に授業を組み立てる

6.1 説明文の指導モデルを見てみよう①

> 高校の授業①
>
> ## 私のヒーローについて

　高校英語Ⅰで使われている教科書に出てくる実際の英文をもとに，英語授業づくりのプロセスを考えてみましょう。次の英文の場合，どのようにテキストの特徴を捉え，どのようなリーディング指導の展開を考えることができるでしょうか。

> 　When Pelé was a child, he was very poor. He made his own soccer balls from cloth. He practiced very hard. When he was only 17, he played in his first World Cup final. During his career, he scored 1,281 goals. He led Brazil to three World Cup victories. His success gave hope to many people around the world.
>
> 　　　　　　　　　　　　　　　　　　(*All Aboard! English I*)

■　教材を解釈する

　この英文は，21世紀を代表する偉人を紹介する英文の一部です。この英文のトピックとジャンルは，サッカーの王様と呼ばれた元ブラジル代表選手のペレに関する伝記文です。語彙・文法・構文の視点から見てみると，このパートは7つの文からできており，過去形や接続詞のWhen，そしてlead〜to...やgive＋目的語＋to＋人という文法構造が使われています。論理構成としては，大きく分けて，子どもの頃と17歳以降のペレについての出来事が時間順に紹介されています。文章全体が伝えるメッセージとしては，貧しい社会で育ったペレの活躍が世界中の人々に希望を与えたということが表現

214

されています。

　主題がどのように描写されているかを見てみると，具体的な数字の中にペレの凄さが表現されています。また，挿絵には，サッカーのユニフォームを着たペレの顔写真が掲載されています。このように教材を捉えてみると，どのような切り口でこの英文テキストを指導するか具体的なアイデアが浮かびます。

■　生徒を把握する

　生徒は，ペレのことをどれくらい知っているでしょうか。サッカーに関心のある生徒は彼の名前や活躍を知っているかもしれません。しかし，大半の生徒は，彼のことをほとんど知らないかもしれません。構成や文もシンプルであり，比較的易しいテキストであると考えられます。しかし，サッカーに興味がなければ，この英文を読む理由や動機が見当たらない可能性があります。このように生徒の実態を考えてみると，生徒に興味や背景知識がない場合，どのように生徒に働きかければこのテキストを読む動機づけができるか考える必要が出てくるでしょう。

■　目標を設定する

　以上のことを踏まえ，第3章で見てきたように，4つの観点から単元目標を考えると，次のような目標が考えられます。

【関心・意欲・態度】世界の人々の希望となったペレに興味をもつ
【理解】ペレに関する情報を正確に読み取ることができる
【表現】身近な人物をわかりやすく紹介することができる
【知識・理解】人物を紹介する英文の構成を理解することができる

　また，コミュニケーション能力の4つの下位能力の視点から授業目標を考えてみると，次のような目標を考えることができます。

【文法能力】テキストに書かれているペレに関する情報を正確に読み取ることができる
【方略能力】限られた時間の中で，読み取った文脈をもとに物語の理解に必要な情報を読み取ることができる
【社会言語能力】なぜペレは世界の人々のヒーローであるかというこの文

章の主題を読み取ることができる
【談話能力】人物を紹介する英文テキストの構成を理解し，生徒自身の身近な人物を英語で紹介することができる

■　知識活用のための授業展開を考える

　この本文の特徴の1つは，ペレという人物が成し遂げた偉業を，数字を使って具体的に紹介しているということです。授業の最終段階の表現活動でその特徴を生かすとすれば，どのような活動が考えられるでしょうか。活動例の1つとして，自分の尊敬する人物を，自分のことばで紹介するという「人物紹介」の表現活動が考えられます。この活動に向けて授業を組み立てようという目標が教師の側にあれば，教師にとっても授業に対する動機づけとなります。その表現活動に向けて，教師はどのようにテキストを導入し，何を生徒に理解させ，何を思考させればよいかを考えれば，よい発問を考え出すことができるでしょう。

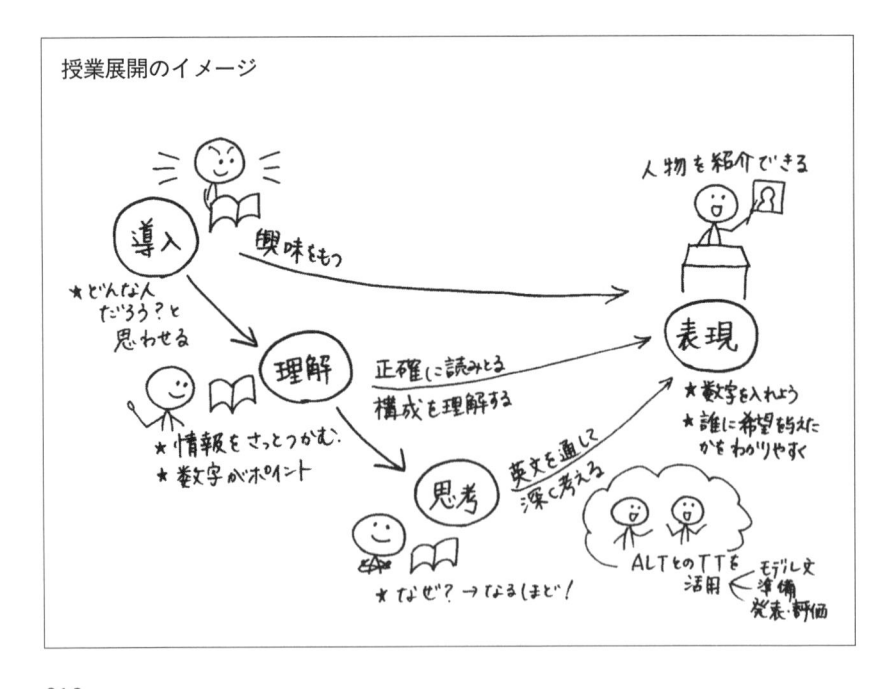

授業展開のイメージ

指導案の例

第○学年　英語科授業指導案

　　　　　　　　　　　　　　学習者：　○年○組
　　　　　　　　　　　　　　指導者：　○○○○

1．単元名　Reading 1 Dream-Makers of the 20th Century. *All Aboard! English I*

2．単元について

　本文は，21世紀の有名な偉人についての伝記文である。ペレやヘレン・ケラー，シャネル，チャップリンなど生徒にとって名前は聞いたことはあってもその偉業を意外と知らない人物が説明されている。伝記文のため，偉人たちの偉業に関する詳しい情報を正確に読み取る力を身につけることができるものと期待できる。また，世界の人々に希望を与えた人物について描かれているため，生徒の視野も広がるはずである。

3．単元目標

(1)世界中の人々に希望を与えた人物に興味をもつ　【関心・意欲・態度】
(2)偉人に関する情報を正確に読み取ることができる　【理解の能力】
(3)身近な人物をわかりやすく紹介することができる　【表現の能力】
(4)人物を紹介する英文の構成を理解することができる　【知識・理解】

4．生徒の実態

　クラス全体の雰囲気は明るく，授業での態度は全体的に良い。元気に発表する生徒がいる一方で，課題に静かに取り組む生徒もいる。語彙や文法などを説明すれば読むことができるが，自分の力で読み取ることに慣れていないため，この教材を通して，未知語があったとしても内容を何とか読み取ろうとすることに慣れさせたい。

5．指導計画（省略）

6．本時の目標

(1)ペレに興味関心をもち，ペレについての情報を積極的に読み取ろうとする
(2)ペレについての情報を，文脈をもとに自分の力で正しく読むことができる

※参考：次時の目標　偉人の伝記文を参考にして，憧れの人物を英語で説明することができる

導入の段階

● 〈ペレの顔写真を提示して〉Who is this?※1

●What kind of person is this?
○ただのおじさん
○佐藤君に似ている
●His name is Pelé.〈と言って名前を板書する〉
　Has anybody ever heard of him?
○No.
●Guessing from this picture, what does he do?
○スポーツ選手
●Yes, he is an athlete. Why do you think so?
○ユニフォーム着てるから
●Yes. He is wearing a uniform. What kind of uniform is he wearing?
○Soccer.
●Are there any soccer club members here? Yes. Takeuchi-kun, who is this?※2
○元ブラジル代表選手
○サッカーの王様
●That's right. You know better than me!

理解の段階（1st Reading）

●Read the text and answer the true or false questions based on the text.※3
(1)　Pelé was very rich when he was young.

※1　導入で教材への関心を高める
　このような簡単な導入であっても，顔写真を使って題材を身近な内容として感じさせることができ，主体的にテキストを読もうとする関心・意欲・態度を高めることができます。

※2　間接性を大切にする
　教師が答えを言ってしまうのではなく，答えを知っていそうな生徒をうまく活躍させましょう。

※3　正確なテキスト理解を促す
　1st readingとして，まずは，詳細が分からなくても答えることができるような，大まかな情報を尋ねています。テキストに書かれているペレについての情報をもとに，

(2) Pelé loved soccer.
(3) Pelé is a Brazilian.

(2nd Reading)

●本文内容をもとにして次の問いの答えを考えましょう※4
・どれくらい貧しかったか？
・17歳のとき何をした？
・1281とは何の数字か？
・threeとは何の数字か？
・"His success gave hope to many people"の意味は？

自分の力で内容を正しく読み取らせることを意図しています。

※4 詳細情報を読み取らせる
　大まかな情報を尋ねた後に、2nd readingとしてテキストに書かれている詳しい情報を尋ねています。
　このとき、制限時間を設けたり、適切なヒント情報を与えたりするなど生徒の実態に応じた指導が工夫できます。

思考の段階（3rd Reading）

●Why did Pelé give hope to many people around the world?※5
●Why is Pelé so great?
○よく，わからん
●How old are you?
○17
●You are 17 years old. Can you find 17 in the text? What did he do when he was 17, the same age as you?
○ワールドカップのfinalに出たって書いてある
●What is "final"?
○決勝戦
○すごい

※5 本質を突いた発問
　3rd readingとして、テキストには直接明示されていない、一文を超えた談話レベルでの情報を尋ねています。そのため、生徒にとっては少し難しいレベルであり、クラス全員が協力してテキスト情報をもとに、主題を自分たちの力で読み取っていくことが必要になります。生徒とのやりとりをうまく工夫してテンポよくすすめていきましょう。

6.1 説明文の指導モデルを見てみよう①

第6章　発問を中心に授業を組み立てる

- ●Only 17! Isn't it amazing?
- ●How many times has Brazil won the World Cup so far?
- ○3回って書いてある
- ●How poor was Pele?
- ○布でサッカーボールを作ってたぐらい
- ●Right. He was very very poor. He made his own soccer balls from cloth when he was a child.
- ●Then how do many people feel about his great success?
- ○Dream
- ○熱狂の嵐だと思う※6

※6 主題に気づかせる
　ここまで十分に読み取らせることで、本文の1つ1つの語句や表現が生きたことばとして意味のあるものになってきます。

表現の段階

- ●Based on the text we have read, write about your heroes, a person you admire, such as your friend, your favorite teacher, your favorite movie star, or artist in English. I'd like you to make a presentation in front of the class.※7

- ●Who are your heroes? Today, I'd like you to write about your heroes based on the text we read and I'd like you to show your heroes to your classmates. Your heroes can be your friend, teachers, and celebrities.
- ●First, I'm going to give you an example of a presentation. Listen carefully. Are you ready?

※7 考えを表現させる
　テキストのタイプとトピックをもとに、今度は生徒自身のことや考えを表現させます。テキストで学んだ表現や構成を生かして、表現活動を考えれば、表現を考えるために再度テキストから表現や構成を学ぶことができます。

〈教師が書いたモデルを示す〉※8

〈教師のモデル〉
I'm going to tell you about my hero today. 〈写真を見せながら〉 This is Hideo Nomo. He was a pitcher of the Major League. When he was 27 years old, he became a major leaguer. He was the second Japanese pitcher in the Major League. He pitched two no-hitters. His success gave big hope to many Japanese baseball players. Ichiro is one of them. Thank you for listening.

● Who is my hero?※9
○ 野茂英雄
● Why is he my hero?
○ 大リーグで活躍している日本人だから
● 〈スピーチ原稿を配布して〉
　How many parts does my speech have?
○ 5つのパート
● What can you use as useful expressions from this text?
● Then, think about your own heroes.※10
　(1) Who is your hero?
　(2) What did he/she do?
　(3) Why do you like him/her?
○ 〈発表内容を考える〉
● O.K. Now it's time to write your script in English. Please make sure you are going to show your heroes in front of the class.
○ 〈発表内容を英語にする〉
● O.K. I'd like you to make a speech in the next

※8　教師によるモデル
　教師がモデルを示すことで，生徒もどのような活動をすればよいか明確な目標をもつことができ，具体的に活動をイメージすることになります。

※9　モデル文の確認
　モデル文を提示したら，どのような内容であったか意味を確認しましょう。表現や構成を確認することで，その後の活動がスムーズに進みます。

※10　段階を踏ませる
　いきなり書かせようとしても書けない場合があります。考えを整理してから書き始めることができるように準備の作業を入れましょう。

6.1　説明文の指導モデルを見てみよう①

第6章　発問を中心に授業を組み立てる　　221

class. By the next class, memorize your speech as much as possible.

6.2 物語文の指導モデルを見てみよう①

> 中学校の授業
> # 宇宙人との友情について

では，中学校の教科書に出てくるテキストを例に，実際の授業をどのように展開できるか見てみましょう。

　　E.T. is a cute little alien. He comes from another planet. But his spaceship leaves without him. So he's all alone. E.T. wants to go home. But his home is far, far away.

　　Then a boy finds him. The boy's name is Elliott. Elliott needs a friend, and E.T. becomes his best friend. Life becomes better for both of them. Together they have a wonderful time. But E.T. needs to go home.

　　One day they fly as high as a bird on Elliott's bike and go to a forest. E.T. sends many messages from there. Elliott helps him. E.T.'s spaceship gets them and comes back.

　　E.T. and Elliott have to say goodbye. E.T. points to Elliott's head and says, "I'll be right here." Good friends stay in our minds forever.

　　　　　　　　　　　　　　　　　　　　　(*New Horizon English Course 2*)

■　教材を解釈する

　本文の内容は，映画『E.T.』のあらすじを簡単な英語でまとめた物語文になっています。『E.T.』は，1982年公開のスピルバーグ監督が手がけた

SF映画です。物語の展開は，E.T.の登場，E.T.とElliottの出会い，森への冒険，2人の別れというわかりやすい構成です。この物語の主題は，異なる世界に住むエイリアンE.T.とElliott少年の2人の間の消えることのない絆にあり，2人の出会いと別れにあります。E.T.の心情の変化は，want to 〜，need to 〜，have to 〜などの表現にもうまく表れています。

■　生徒を把握する

　教師にとっては身近なストーリーかもしれませんが，生徒にとっては，初めて読む物語である可能性があります。この物語文は，展開がはっきりしていて読みやすいと考えられますが，この段階での生徒はセンテンスレベルでの英語の読みには慣れてはいても，談話レベルで物語文を読み進めることはまだ難しいものと予想できます。したがって，展開ごとの出来事をしっかりと理解させる必要があります。また，物語文の英語表現から登場人物の心情を推測して読み取ることには慣れておらず，苦手意識を感じる生徒が多いものと予想されます。テキストに書かれた情報から，登場人物の気持ちの変化を推測して読み取る楽しさをぜひとも味わわせたいところです。

■　目標を設定する

　以上のことを踏まえ，4つの観点から単元目標を考えてみると次のような目標が考えられます。

　【関心・意欲・態度】英語で書かれた物語文を積極的に読み取ろうとする
　【理解】まとまりのある英文を読み，概要や要点を捉えることができる
　【表現】気持ちを込めて物語のあらすじを音読することができる
　【知識・理解】物語文の展開の構成を理解することができる

　また，コミュニケーション能力の4つの下位能力の視点から授業目標を考えてみると，次のような目標を考えることができます。

　【文法能力・談話能力】出来事の順を追って，ストーリー展開を正確に読み取ることができる
　【方略能力】限られた時間の中で，読み取った文脈をもとに物語の理解に必要な情報を読み取ることができる
　【社会言語能力】本文の情報をもとに，登場人物の心情を読み取り，物語

の主題を理解することができる

■ 知識活用のための授業展開を考える

　この物語文は，4つのパートから出来事が展開されており，展開ごとに主人公たちの気持ちの変化が描かれているという特徴があります。登場人物たちの気持ちを考えながら，気持ちを込めて物語文を音読できるという目標を設定したとします。この物語文の特徴を生かすとすれば，どのような表現活動が考えられるでしょうか。単に本文を音読させるのではなく，たとえば4枚の「紙芝居」を使って物語を発表してみるという表現活動が考えられます。生き生きと心を込めて音読をさせるという表現活動を最終的に設定することで，このテキストの導入，理解，思考のそれぞれの段階で具体的な目的をもった指導ができるはずです。

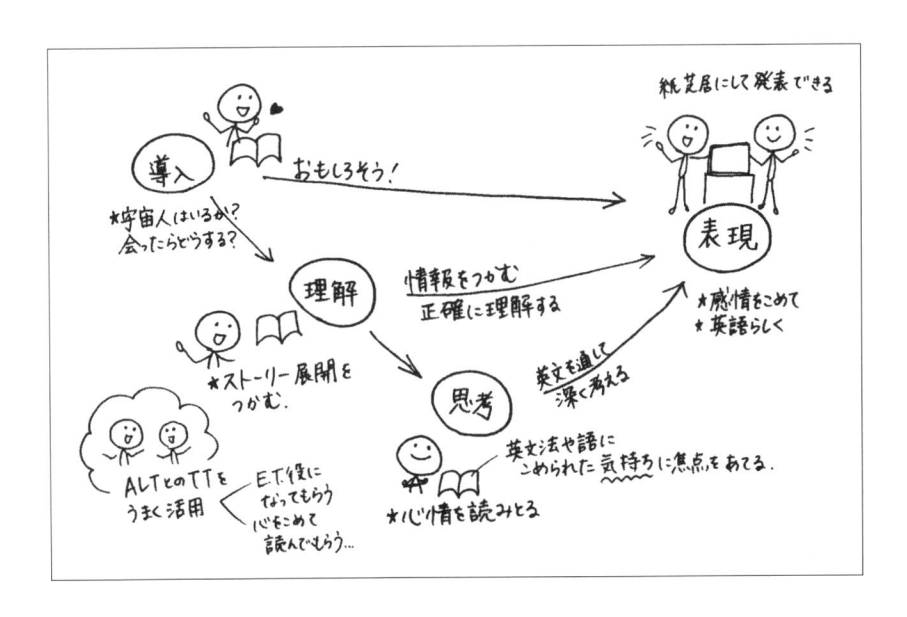

指導案の例

第○学年　英語科学習指導案

　　　　　　　　　　　　　　　　　　　学習者：　○年○組
　　　　　　　　　　　　　　　　　　　指導者：　○○○○

1．単元名　Unit 7　My Favorite Movie　*New Horizon English Course 2*
2．単元について
　　本文の内容は，映画『E.T.』のあらすじをもとにした簡単な英語でまとめられた物語文になっている。物語の展開は，時間順に沿って４つのパートから構成され，内容もはっきりとしており理解しやすい内容である。物語の終盤にある主人公たちの心情表現や物語の主題である２人の友情を表現した部分にも焦点を当てて，本文を味わって読ませたい。
3．単元目標
　(1)英語で書かれた物語文を積極的に読み取ろうとする
　　　　　　　　　　　　　　　　　　　　　【関心・意欲・態度】
　(2)まとまりのある英文を読み，概要や要点を捉えることができる
　　　　　　　　　　　　　　　　　　　　　　　　　　　【理解】
　(3)気持ちを込めて物語のあらすじを音読することができる　【表現】
　(4)物語文の展開の構成を理解することができる　【知識・理解】
4．生徒の実態
　　クラス全体の雰囲気は全体的に静かで落ち着いている。センテンスレベルの英語での読みには慣れてきているが，英語で物語文を読むことは初めてである。本教材を通して，まとまりのある英文を読み，話の展開を自分の力で読み取れる力をつけさせたい。積極的に物語の内容を読み進めたいと思えるよう問いを工夫したい。
5．指導計画（省略）
6．本時の目標
　(1)ストーリー展開を出来事の順を追って，内容を正確に読み取ることができる
　(2)限られた時間の中で，読み取った文脈をもとに物語の理解に必要な情報を読み取ることができる
　　※参考：次時の目標　本文の情報をもとに，登場人物の心情を読み取り，物語の主題を理解することができる

導入の段階

● 〈教科書を見せないで〉Do you think there are aliens in the universe?[※1]

●Aliens are 宇宙人 in Japanese. Do you think there are aliens? How many students think yes?
○〈手を挙げる〉
●Half of you think there are aliens in the universe.
●What would you do if you met an alien?[※2]
○逃げる
●You would run away?
○写真をとる
●You would take a picture?
●Today, we are going to read a story about an alien coming to earth. Let's read the story.

理解の段階（1st Reading）

●本文を読み黒板に貼った4つの絵をストーリー順に並べ替えてみましょう。[※3]

※1　物語への関心をもたせる
　宇宙人はいるかどうか？と宇宙人に会ったらどうするか？という問いを通し、普段では考えることのないファンタジーを読むきっかけをつくることができます。

※2　英語で授業を行う
　教師が英語を使って発問する場合、この例のように生徒が理解できないような文法を使わなければならない場合があります。生徒が理解できないような場合には、やさしい表現に言い換えてみたり、例をあげたりしながら工夫してみるとよいでしょう。

※3　物語の展開を理解させる
　1st readingとして、この物語の大まかな展開を読み取らせ、4つの絵を並べ替えさせます。詳しい情報の理解は後回しにして、ざっと本文に目を通させることが目的です。個人で考えさせて、グループで話し合わせるとよいでしょう。

(2nd Reading)

●Read one more time and answer the following true or false questions.※4
1) E.T. is a boy from the US.
2) E.T. was very sad.
3) A boy found E.T.
4) Elliott didn't like E.T.
〈様子を見ながらヒント情報を与える〉

●I'll give you different questions. Based on the text, answer them.※5
1) E.T. はなぜ "he's all alone." になった？
2) Elliottはどんな少年？ なぜ？

●Why was E.T. all alone?
○宇宙船が置き去りにして行ってしまったから
●What does the text say in English?
○"his spaceship leaves without him"
●What kind of boy was Elliott?
○さみしがりやかな
●Why do you think so?
○"He needs a friend." って書いてあるから
●What does it mean?
○友達が必要である
●そうだね。Needで必要とするという意味だね

※4　詳細情報を読み取らせる

　2nd readingとしてこの物語の前半部分の詳細情報をT/F質問により答えさせ, 物語の細かい展開部分を理解させます。間違いの文を少し多めにすることで, 物語を注意して読ませることになります。

※5　テキストから推測させる

　テキストに直接書かれていない情報をテキストに書かれた情報をもとに推測させる問いにより, 本文内容を深く読み取らせることができます。推測した理由をテキストから見つけさせることで, 再度テキストと格闘することになります。

●All right. Let's read the last part of the story and answer the following questions.※6
1）E.T. didn't enjoy life on Earth.
2）E.T. had to go home.
3）E.T. went to a forest to catch a bird.
4）E.T. went home at last.

※6　詳細情報を理解させる
　後半部分の詳細情報に関する問いです。

思考の段階（3rd Reading）

●Then answer the following questions.※7
1）They fly as high as a bird on Elliott's bike. ってどういうこと？　なぜできた？
2）E.T. wants to go home. E.T. needs to go home. They have to say good bye. の違いは何？　どんな気持ちの変化？※8
3）"I'll be right here." とはどんな意味？

〈3つ目の問いについて〉
●What does the sentence "I'll be right here." mean?
●What does "here" mean?
○ここ
●right hereで「ちょうどここ」という意味だね
●How about "I'll be at Kofu station at six o'clock."? What does it mean?
○「6時に甲府駅にいます」っていう意味かな
●You are right. So what does "I'll be～." mean?
○「～にいる」っていう意味
●Then, what does "I'll be right here." mean?

※7　多様性を引き出す
　とくに発問2や発問3などは、主人公の心情を扱っており、テキストの主題を尋ねる問いです。主題の読み取りに迫る、本文内容を深く読み取らせることができます。このような問いの場合、生徒からの多様な答えを認め、考えを共有することで、テキストの読みに対する興味が深まります。

※8　本質を突いた発問
　E.T.の気持ちの変化が表われている表現に注目させ、それらの表現の意味を深く読み取らせることはとても大切です。

○「私はちょうどここにいるよ」
●「ちょうどここ」ってどこのこと？[※9]
○頭の中
●Whose head?
○Elliottの
●Why do you think so?
○E.T. points to Elliott's head and saysってある
●Right. What does "point to" mean?
○〜を指差す
●Elliottの頭の中にいるってどういうこと？
○友情の思い出はずっと忘れないって意味かな？
●Good thinking! Then, what does "Good friends stay in our minds forever." mean?
＊＊＊＊＊＊＊＊＊＊(途中略)＊＊＊＊＊＊＊＊＊

※9 間接性を高める
　教師が直接訳を与えるのではなく、生徒が答えを自分で見つけ出せるよう、教師は間接的にヒント情報を与えることで、自分の力で読み取らせることが重要です。

表現の段階

●それでは、今度は、この話を知らない人に聞かせるつもりで、どのように読めばわかりやすいかを考え、声に出して読む練習をしてみましょう。

●次回は、4つの絵を使って感情を込めて友達にストーリーを発表してもらいます。次回までに本文を暗唱し、わかりやすい発表を準備してきてください。[※10]

※10 聞き手を意識して表現させる
　物語のテキストを暗唱させます。単に暗唱するだけではなく、紙芝居として4枚の絵を使って、暗唱したテキストを発表させることで、表現相手を意識した表現の練習につながります。

6.3 物語文の指導モデルを見てみよう②

高校の授業②
私の思い出について

では，高校英語Ⅰの教科書に出てくる"The Circus"という英文テキストを例に，実際のリーディング指導をどのように展開していくかを見てみましょう。

The Circus

Once, when I was a teenager, my father and I were standing in line to buy tickets for the circus. Finally, there was only one family between us and the ticket counter. I was impressed by this family. There were eight children, all probably under the age of twelve. Their clothes were not expensive, but they were clean. The children were well-behaved. They were standing in line, two-by-two, behind their parents. They were talking excitedly about the clowns, elephants and other acts that they would see that night. Obviously, it was their first visit to the circus. It would be a highlight of their young lives.

The father and mother stood proudly at the head of the line. The mother was holding her husband's hand. Her face said, "You're my knight in shining armor."

The ticket lady asked the father how many tickets he wanted. He proudly responded, "I'd like eight children's tickets and two adult tickets. I'm taking my family to the circus."

The ticket lady told him the price.

The man's wife let go of his hand, and her head dropped. The man's lip began to quiver. The man leaned a little closer and asked,
"How much did you say?"
The price was repeated by the ticket lady.
The man didn't have enough money. How could he turn and tell his eight kids that he didn't have enough money to take them to the circus?
My dad saw all this. He put his hand into his pocket, pulled out a $20 bill and dropped it on the ground. My father reached down, picked up the bill, tapped the man on the shoulder and said, "Excuse me, sir, this fell out of your pocket."
The man understood this immediately. He didn't mean to beg, but he certainly appreciated the help. He looked straight into my dad's eyes and took my dad's hand in both of his. He held the $20 bill tightly and said, "Thank you, thank you, sir. This really means a lot to me and my family."
My father and I went back to our car and drove home. We didn't go to the circus that night, but we felt good.

(*Genius English Course I*)

■ 教材を解釈する

　このテキストのジャンルは物語文です。この物語では「父の思いやり」が主題として描かれています。文章の構成に着目してみると，場面設定（サーカスを待つ家族の描写），出来事（窮地に立たされる父親），クライマックス（とっさに助けた筆者の父親），結末（筆者の感想）といった時間を軸にした展開がある物語文であることが分かります。その展開ごとに，登場人物の様子や行動を丁寧に細かく描写されています。

　単語や表現に着目すると，副詞や位置関係を示す表現，心情を描写する表現などが文章中に使われており，この物語の主題を正確に理解するためには重要な役割を担っています。また，文法に着目すると，enough ～ to ... の表現や受動態があげられます。

■ 生徒を把握する

このテキストのように一見，真面目で硬い印象の題材は，淡々と進めていくような授業であると，生徒は難しく感じ，馴染みのない内容であると捉える可能性があります。また，英文の表面的な意味を理解することには慣れていても，比喩表現をもとに行間を読んで，登場人物の心情を推測して読むことには慣れていないものと予想されます。したがって，展開ごとの出来事をきっちりと押さえ，物語の主題である心温まる思いやりについて読み取らせたいところです。

■ 目標を設定する

以上のことを踏まえ，4つの観点から単元目標を考えてみると，次のような目標が考えられます。

【関心・意欲・態度】心情や情景を描写した物語文の面白さを味わうことができる
【理解】展開を押さえて，出来事や心情を正確に理解することができる
【表現】本文の表現を参考にして，自分の思い出を書くことができる
【知識・理解】心情を表現した比喩表現について理解することができる

また，コミュニケーション能力の4つの下位能力の視点から授業目標を考えてみると，次のような目標を考えることができます。

【文法能力・談話能力】登場人物や出来事を，物語の展開ごとに正しく読み取ることができる
【社会言語能力】登場人物の描写から，登場人物の気持ちの変化を読み取ることができる
【方略能力】与えられた制限時間の中で，辞書などを使わずに文の意味を推測しながら物語の内容に関する質問に正確に答えることができる

■ 知識活用のための授業展開を考える

この物語文は，サーカスに行くためのお金が足りず窮地に立たされた父親に筆者の父親が救いの手を差し伸べるという物語であり，人物の描写や心情が丁寧に描かれている点に特徴があります。この特徴を生かして授業の最終段階の表現活動を考えたい場合，どのような活動であれば生徒は積極的に取

り組むでしょうか。

　この窮地に立たされたという物語の場面に着目した場合，例えば，生徒自身の体験で，これまで本当に困ったという場面を思い出させ，その出来事やそのときの気持ちを「スピーチ」という形で表現させる活動にしてはどうでしょうか。いつ，どのような状況でその困った状況が起こり，そのときどう感じ，どうなったのかを時間順で表現させるのです。単なる体験の発表ではなく，具体的な人物描写や情景描写を工夫し，心の動きを表現するような豊かな活動にしてもよいでしょう。この表現活動につながるように，どのようにテキストを導入し，理解および思考の段階で，どのような発問を生徒に投げかけ，どのように授業を展開するか考えてみるとよいでしょう。

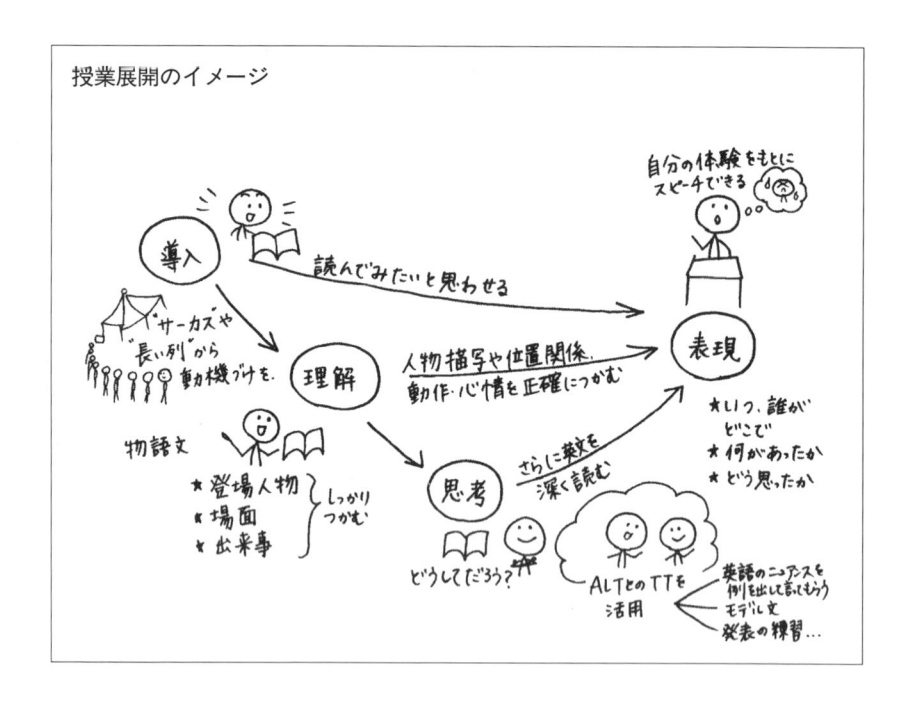

授業展開のイメージ

指導案の例

第○学年　英語科授業指導案

　　　　　　　　　　　　　学習者：　○年○組
　　　　　　　　　　　　　指導者：　○○○○

1．単元名　Lesson 3　The Circus　*Genius English Course I*
2．単元について
　　本文は，サーカスのチケット売り場を舞台に，初めてのサーカスを心待ちにする家族の父親の窮地に対する心温まる思いやりが描かれた物語文である。登場人物の容姿や行動が具体的に描かれており，心情の変化が巧みに表現されている点に特徴がある。この描写表現から心情の変化を推測させることで，生徒の読解力のバリエーションを広げることができるはずである。
3．単元目標
　(1)心情や情景を描写した物語文の面白さを味わうことができる
　　　　　　　　　　　　　　　　　　　　　　　【関心・意欲・態度】
　(2)展開を押さえて，出来事や心情を正確に理解することができる
　　　　　　　　　　　　　　　　　　　　　　　　　　　　【理解】
　(3)本文の表現を参考にして，自分の思い出を書くことができる　【表現】
　(4)心情を表現した比喩表現について理解することができる
　　　　　　　　　　　　　　　　　　　　　　　　　　【知識・理解】
4．生徒の実態
　　これまでの指導において，テキスト上に書かれた情報を読み取ることには慣れてきているが，情景や行動の描写を通して，登場人物の心情を推測するような読み取りにはまだ慣れていないと予想できる。登場人物の心情を表す表現に着目させ，心情等を推測させる発問を投げかけることで，物語文の読みの楽しさを味わわせたい。
5．指導計画（省略）
6．本時の目標
　(1)登場人物や出来事を捉え，物語の展開を正しく読み取ることができる
　(2)登場人物の描写から，登場人物の気持ちの変化を読み取ることができる
　※参考：次時の目標　本文の表現を参考にして，自分の思い出を書くことができる

導入の段階

●Have you ever seen a circus?※1

●How many students have seen a circus?
○〈手を挙げる〉
●Who did you go with?
○My family　○My friends
●How old were you?
○小学生のころ
●How was the circus?
○圧倒された。強烈だった

●O.K. Have you ever stood in line waiting for something?※2

○〈手を挙げる〉
●Why did you wait in line?
○遊園地のジェットコースターの順番待ち
○コンサートチケットを買うために列に並んだ
●How long did you wait?
○One hour.　○Two hours.
●Wow! You waited for such a long time.

理解の段階（1st Reading）

●How many characters were in this story?※3
〈黒板に登場人物分の磁石を貼っていく〉

○"I," "my father," "eight children," "the father," "the mother"

※1　サーカスのイメージを活性化させる
　子どもの頃の体験を導入の段階で呼び起こしておくことで、この物語の主題を読むきっかけをつくることになります。登場人物の子どもたちの心情を理解したり、英語ではそのような心情がどのように表現されるのかを学ぶ動機を高めたりすることにもなります。

※2　間接性を高める
　授業が展開する中で、導入段階で考えたこのサーカスや長蛇の列に並んだ経験が、物語の中の子どもたちの気持ちを理解することにつながります。文中に"finally"が使われていることを理解するための伏線にもなるはずです。

※3　人物の位置を理解させる
　1st readingとして簡単な活動をさせます。この物語文の初めの部分では、英文を読んで登場人物の位置関係を正確にイメージし、それぞれの人物描写を読み取ること

●What were they doing?
○サーカスのチケットを買うために列に並んでいる
●How were the children waiting in line?
○"standing in line, two-by-two"
●What does "two-by-two" mean in Japanese?
○２列に並んで
＊＊＊＊＊＊＊＊＊(途中略)＊＊＊＊＊＊＊＊

を押さえたいところです。位置関係などは，簡単なメモでもよいので，図示させるという問いかけ１つで，英文に取り組みやすくなるでしょう。

(2nd Reading)

●"Obviously"ってありますが，子どもたちにとって初めてのサーカスだとなぜ明らかだったんでしょうか？もう一度じっくり読んでみましょう。その理由がわかるところを探してください。※4

○"They were talking excitedly about the clowns, elephants and other acts that they would see that night."
●そうだね。興奮してサーカスのことを話しているから初めてってわかるね。他にある？
○"The children were well-behaved. They were standing in line, two-by-two, behind their parents."
●どうして？
○行儀よく整列している様子から初めてのサーカスって推測できる。
●そうだね。他には？
○"Their clothes were not expensive, but they were clean."
●どうして？
○貧しそうだけど，おしゃれしてきてるってところからも初めてのサーカスって予想ができる。

※4 "Obviously"の意味に注目させる
　2nd readingとして詳細を読み取らせます。この物語の初めの部分では，子どもたちの様子が細かく描写されています。こうした表現を通し巧みな英語表現を味わわせる問いができます。子どもたちの描写から得ることのできるイメージは，後に考える物語の主題を具体的に理解する重要なカギとなります。子どもたちの様子を正確につかませることを大切にしたいところです。

●なかなかいい予想だね。

● "My dad saw all this." の文から，物語は急展開を見せます。筆者の父親がどんな行動をとったか動きの表現に注目してみましょう。どんな動詞が出てきていますか？※5

○put into, pull out, reach down, pick up, tap, say,

●じゃ，どんな動きしたんだろうね。これ$20札ね〈お札に見立てた紙を使って〉。今から配りますから，ゆっくり読むので隣の人を子どもたちの父親に見立てて，筆者の父親の動きを再現してみよう。ペアで考えてね。

○〈動きを再現してみる〉

※5 父の動きをイメージさせる
　ここでは，筆者の父親が取ったとっさの行動を具体的にイメージできることが重要です。本文の英語を頼りに，生徒に実際に実演させるという作業を通して，英文を注意深く読ませるように仕組むことができます。簡単な紙を紙幣に見立てて，生徒に渡してみると，具体性が増して，生徒ものってきます。

● "He didn't mean to beg, but he certainly appreciated the help." の文をしっかりと訳してみようか。

＊＊＊＊＊＊＊＊＊＊(途中略)＊＊＊＊＊＊＊＊＊

● "appreciate" の意味は？　ちょっと辞書で意味を一緒に見てみましょう。※6

○〈辞書を引く〉
○価値を認める
○正しく理解する　○ありがたく思う，感謝する

※6 "appreciate" の意味に着目させる
　"appreciate" のように本文で重要な役割を担っている語の意味を考えさせることも大切です。辞書を引かせ意味を確認し，他の生徒と考え

●いっぱい出てるね。〈どの答えも認めながら〉どの訳がここではもっともふさわしいんだろうね？
○ありがたく思う，感謝する

●家族の父はどんな感じで感謝を表しているんだろうね。※7

○"He looked straight into my dad's eyes and took my dad's hand in both of his."
○"He held the $20 bill tightly and said, 'Thank you, thank you, sir. This really means a lot to me and my family."
●こう表現すると感謝が伝わってくるんだよね。

を共有してみましょう。父親の好意という主題の物語文だからこそ，この語彙の意味がズバリと理解できるはずです。心を込めてこの部分を声に出して読んでみようと効果的な音読へとつなげられます。

※7 英語の表現に注目させる
どのような表現にこの父親の感謝の気持ちが現われているのか英文に注目させます。

思考の段階（3rd Reading）

●窮地に立たされた子どもたちの父親を見て，筆者の父親は一体どうしたの？
○お金をわざと落として落ちましたよと言って渡した
●そうだったよね。"This fell out of your pocket."ってね。それ以外に，どういう選択肢があったと思う？
○そのまま，手渡す。
●そうよね。じゃあ，なぜわざわざお金を落として渡したと思う？※8
○そうしたくなかったからかなあ

●なぜ，筆者の父親は子どもたちの父親を助けたのでしょう？その理由を考えながら，もう一度本文を声に出して読んでみるので，味わってみてください。

※8 本質を突いた問い
これらの問いは，この物語の主題を読み取るために欠かせない重要な問いです。最初の問いでは，筆者の父親はなぜ20ドル札を落とし拾って家族の父親に渡したのかを問うことにより，この英文テキストの主題に触れることになります。例えば，その家族の子どもたちはサーカスをどのように待っているのか？その家族にとってサーカスはどのような意味をもっているのか？その家族にとって父親はどのような存在なのか？などを問うことも考えられます。

6.3 物語文の指導モデルを見てみよう②

○〈教師の範読を聞きながらテキストを味わう〉
＊＊＊＊＊＊＊＊＊＊(途中略)＊＊＊＊＊＊＊＊＊＊

● "The man understood this immediately." の文の "immediately" は，とても大切な語です。あるのとないのとでは，かなりニュアンスが違ってきます。ちょっと，一緒に辞書で意味を見てみましょう。
○〈辞書を引く〉
●どんな意味だった？
○ただちに，○すぐに
●本来ならちょっと時間がかかるところをさっと縮めた感じですね。

> ●じゃあ，なぜここで "immediately" という語が使われているの？もしなかったら？時間がかかっていたらどうなる？〈しばらく考えさせ，もう一度テキストを読んでみる〉※9

○父の好意を無駄にしてしまう可能性がある

※9 "immediately" の意味に着目させる
　この問いでは，子どもたちの父親が筆者の父親の好意をすぐに受け入れた理由を尋ねています。この問いは主題に関連しています。私のお金ではないと言って，筆者の父親のウソを好意として理解しなかったらどうなっていたのか？　このように問うことで，"immediately" という語の語感を味わうことにつながります。

表現の段階

> ●あなたのこれまでの体験の中で，この父親のように困った！窮地に立たされた！っていうことがきっとあると思います。enough構文を使って，英語の表現を考えてみましょう。※10

●enough ～ to ... にはどんな語がよく使われると思いますか？
○time, money, energy, food, water, ...

※10　多様性・偶然性を生かす
　この物語のテーマである窮地に立たされた状態を，今度は生徒自身の過去の窮地に立った経験を考え書かせてみるという活動です。enoughと一緒によく使われる名詞を考えさせ，イメージを持たせると，豊かな表現が出てくることでしょう。

- あー○○が十分なくて困ったなあっていうことない？ "I didn't have enough 〜 to ..." を使って書いてみましょう。
○〈英文を書く〉
- それでは，今作った文を軸にして，もう少し文章を書いてみましょう。それはいつのこと？ "Once, when I was 〜," で文を書き始め，物語風に英語で文章を作ってみましょう。そういう経験がなければ，自分で話を作ってもいいですよ。
- これは本当にあった話です。どういう場面で，どういう問題が起こり，結局どうなったのかよく聞きましょう。〈教師がモデル文を示す〉[11]

〈教師のモデル文〉

Once, when I was a university student, I was on the way to the university in the morning. I was in a hurry because I would be late for class. So I hopped on a bus in a hurry. But just after I got on the bus, I noticed that I didn't have enough money. I needed two more 10 yen coins. I felt cold sweat under my arms. How could I tell the driver I didn't have enough money? I felt very ashamed. I told him the truth, then the driver kindly said, "You can go now and pay the rest on the next ride." The words saved the day.

- 〈モデル文の内容について確認する〉
- このモデル文を参考にして書いてみましょう。次の授業でみんなの前で発表してもらいます。

※11 教師のモデル文提示

教師が自分自身の事柄をモデルにして，上手に生徒に示すことで，生徒が興味をもってこの表現活動に取り組むきっかけを作り出すことができます。

6.4 説明文の指導モデルを見てみよう②

> 高校の授業③
> # アニマルセラピーについて

では，次に高校英語Ⅰの教科書"Animal Therapy"という説明文を例に，実際のリーディング指導をどのようにつくり展開すればよいか見てみましょう。

Animal Therapy

〈Part 1〉 This dog is Oso. Oso means "bear" in Spanish, but he lives in the USA. He is a large, black, terrier mix. Oso loves to take a bath because he knows something good happens after it. He puts on a visor or neckerchief, and visits a nursing home.

When Oso goes into the room, he sees a group of people. An old lady calls him. He goes to her. He puts his head on her lap. She pets him and talks to him. She says, "I enjoy meeting Oso so much. I want him to stay longer. I want him to come more often."

Some old people feel frustrated when they are not understood by other people. However, they do not have this problem with Oso. Oso can understand their feelings without words. Once he was a stray dog, but now he is helping people.

〈Part 2〉 Not only dogs but also cats and rabbits visit nursing homes. Thanks to these visiting pets, life becomes more cheerful.

Residents often feel bored, stressed, and weak. Spending time with the animals gives them pleasure. Petting them reduces their stress. It also exercises hands and arms.

Residents do not feel lonely when they are with the animals. They often talk to them to share their thoughts, feelings, and memories. And the animals listen in their own way.

When people enter a nursing home, they often have to leave their family or close friends. However, visiting pets become new friends. Age or physical ability does not matter to them. They accept people as they are. Moreover, a lot of people can share one animal visit. Even two strangers can talk about a pet together and become friends.

⟨Part 3⟩ Other animals can help people, too. For example, experts say that dolphins help people with mental problems. They call it "dolphin therapy." Dolphins show care toward sick people and give them confidence.

We also know that riding a horse is good for injured or disabled people. Horses walk rhythmically. This is good for bad legs. And, when you are riding a horse, you must sit up straight. This improves your balance.

We do not yet know how much we can do with animal therapy. However, animals make a big difference. Maybe your own pet can help other people, too.

(*Big Dipper English Course 1*)

6.4 説明文の指導モデルを見てみよう②

■ 教材を解釈する

このテキストは，アニマルセラピーというトピックを扱った説明文です。文章は4つのパートから構成され，Osoという名前の犬の具体的なエピソードから始まり，動物が介護施設での老人や患者の治療の役に立つという説明に入り，どのような効果がアニマルセラピーにあるのか，どのような動物が治療で活躍しているのかを説明しています。

とくにPart 1に注目してみると，Osoの紹介から始まり，どこかへ出かける身支度をするという説明があります。野良犬だったOsoは，今では老人

第6章 発問を中心に授業を組み立てる 243

ホームで人と触れ合いながら，老人たちの助けになっているということが少しずつ説明されています。文法の視点から見てみると，I enjoy 〜ing. やI want 人＋to不定詞という文法構造が使われています。

■ 生徒を把握する

このテキストは，構成や文もシンプルであり，比較的易しいテキストであると思われます。しかし，アニマルセラピーというトピックは，生徒にとってはあまり馴染みがなく，老人ホームという話題も身近なものではないかもしれません。文章の中の具体例が何を説明しようとしているのか文章の全体像を押さえて読むことに慣れていないものと予想されます。

■ 目標を設定する

以上のことを踏まえて，4つの観点から単元目標を考えてみると，次のような目標が考えられます。

【関心・意欲・態度】アニマルセラピーという話題を身近に感じ積極的に読もうとする
【理解】具体例を押さえて，主題を正確に理解することができる
【表現】本文の表現を参考に好きなペットや動物を表現することができる
【知識・理解】主題文と支持文との関係について理解することができる

また，コミュニケーション能力の4つの下位能力という視点から，授業目標を考えてみると，次のような目標が考えられます。

【文法能力】動物についての具体的な説明を読み，詳しい情報を正しく読み取ることができる
【談話能力】介護施設においてなぜ動物たちが老人や患者の役立っているのか具体的な例を通して理解することができる
【社会言語能力】具体的な動物についてのエピソードをもとに，動物療法の効果という主題を筆者が読者に説明しようとしていることを読み取ることができる
【方略能力】どのような動物がアニマルセラピーとして活躍しているのか制限時間内に正確に読み取ることができる

■ 知識活用のための授業展開を考える

　この英文の特徴の1つは，Osoという犬の具体的なエピソードから，アニマルセラピーの効果についての説明文が始まっていることにあります。Osoという犬の特徴，その犬の好きなことや日課，その犬はなぜ人々にとって大切なのかが述べられています。

　この本文の特徴を最大限に生かし，テキストで学ぶ語彙や表現を生徒に使わせるような最終的な表現活動を考えるとすれば，どのような活動が考えられるでしょうか。例えば，生徒の飼っているペットや好きな動物の写真を持ってこさせて，その動物について話をさせる「Show & Tell」をさせることが効果的であると考えられます。

　そのような表現活動が設定できれば，テキストの中では，Osoについてどのように書かれているのかを生徒が注意して読み取れるように，どのようにテキストを導入し，理解させ，思考させるかということを考えながら発問をつくることになります。生徒が自分の好きな動物について表現するときには，テキストを参考にしながら，豊かな内容のある表現につながっていくでしょう。

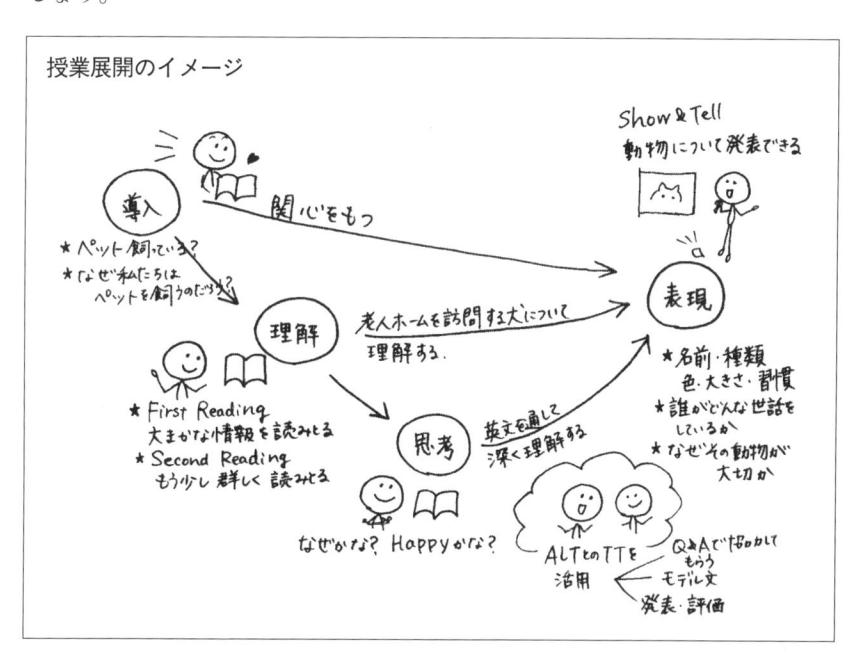

> 授業展開のイメージ
>
> 【導入】
> ＊ペット飼ってる？
> ＊なぜ私たちはペットを飼うのだろう？
> → 関心をもつ
>
> 【理解】
> ＊First Reading 大まかな情報を読みとる
> ＊Second Reading もう少し詳しく読みとる
> → 老人ホームを訪問する犬について理解する
>
> 【思考】
> なぜかな？ Happyかな？
> 英文を通して深く理解する
> ALTとのTTE活用
>
> 【表現】 Show & Tell 動物について発表できる
> ＊名前・種類・色・大きさ・習慣
> ＊誰がどんな世話をしているか
> ＊なぜその動物が大切か
> Q&Aで深めてもらう ← モデル文 ← 発表・評価

指導案の例

第○学年　英語科授業指導案
　　　　　　　　　　　　　　　　　　学習者：　○年○組
　　　　　　　　　　　　　　　　　　指導者：　○○○○

1．単元名　Lesson 4 Animal Therapy *Big Dipper English Course I*
2．単元について
　　本文は，介護施設における老人や患者の治療に動物が役に立つという説明文である。具体的な例を中心に，治療において動物が与える効果について説明がなされている文章構成に特徴がある。具体的な事例から文章の主題を読み取らせることで，説明文に特有の論理展開を読み取ることに慣れさせたい。
3．単元目標
　(1)アニマルセラピーというトピックを身近に感じ積極的に読もうとする
　　　　　　　　　　　　　　　　　　　　　　　　【関心・意欲・態度】
　(2)具体例を押さえて，主題を正確に理解することができる　　【理解】
　(3)本文の表現を参考に好きなペットや動物を表現することができる
　　　　　　　　　　　　　　　　　　　　　　　　　　　　　【表現】
　(4)主題文と支持文との関係について理解することができる
　　　　　　　　　　　　　　　　　　　　　　　　　　【知識・理解】
4．生徒の実態
　　このテキストは，比較的易しいテキストであるが，アニマルセラピーというトピックは，生徒にとっては馴染みがなく，老人ホームという話題も身近なものではないものと予想される。したがって，トピックに関心をもつように生徒の読みを促す必要がある。また，文章の中の具体例が何を説明しようとしているのか文章の全体像を押さえて，説明文を読むことに慣れさせる工夫も必要であると考えられる。
5．指導計画（省略）
6．本時の目標
　(1)Osoの具体的な説明を読み，詳しい情報を正しく読み取ることができる
　(2)具体的なOsoについてのエピソードから，介護施設での動物の効果についての主題を読み取ることができる

導入の段階

●Do you have a pet? What do you have?※1

●Do you have a pet?
○Yes, Yes.
●Raise your hand if you have a pet. 結構いるね。
●What kind of animal do you have?
○Dog.
○Monkey.
●本当に？
○Bird, bird. 何て言うだろう，カナリアって。
●Canary.

●I have a dog, too. Her name is Nana. She is very cute.

●We have many kinds of pets. Then, why do we have pets? 考えたことある？※2
○ない
●なぜなんだろうね？じゃあ，今から本文に入っていきますから，それを考えてみましょう。

※1　多様性を引き出す
「動物好き？」と尋ねるよりも，ペットを飼っているかどうかと生徒に尋ねることにより，自分のペットや近所の家のペットを思い浮かべることになり，この教材のトピックである動物に対するイメージをもち，教材に対する構えができる。何をこれから読むのかと興味をもってくれます。

※2　本質を突いた発問
「人はなぜペットを飼うのか？」という問いは，本文の動物の癒しにつながる問いです。ここでは答えを求めることなく，謎かけのようにさらっと尋ねています。

6.4 説明文の指導モデルを見てみよう②

第6章　発問を中心に授業を組み立てる

理解の段階（1st Reading）

●First of all, listen to the CD and get the answers to the following four questions.※3
〈本文を見ながらCDで音声を聞かせる〉
(1) どんな動物がでてくる？
(2) その動物は何をするのが好き？
(3) おしゃれをして，どこへ行くの？
(4) そこで何をするの？

〈生徒は英語を聞きながら本文を読み，4つの質問の答えを探す〉
●Let's start with the first question. What animal can you find in the text?
○bear
●bear? We can see "bear" in the text, but is it right?※4
○dog, dog
●Right. We can see "This dog is Oso." Oso is the name of a dog.
●Then, what does the dog love to do?
○take a bath
●That's right. He likes to take a bath very much.
●Where does he go after taking a bath?
○He visits a nursing home.
●What is a nursing home?※5
○〈辞書を引く生徒がいる〉
○老人ホーム，介護施設
○Right. Nursing home is 介護施設 in Japanese.

※3　大まかな情報の理解
　1st readingでは，細かい部分にとらわれないで，大まかな情報を捉えさせることが目的です。

※4　間接性を大切にする
　生徒がすぐにわからなければ，教師が強調してヒントを出すことで，自分で答えを見つけるサポートをします。

※5　間接性を高める
　"nursing home"の意味を確認するこの問いは，Osoが老人ホームで何をするのか，イメージができるように方向づける重要な意味があります。

●Then, what does Oso do at the nursing home?
○…
●What can you find in the text? Anything is all right.
○呼ばれたら老人のところに行く
○なでられる
○話し相手になりに行く
●What do Oso's behaviors mean for the people?
○He is helping people. って書いてあります。
○癒している
●That's the good answer. He is helping people.

(2nd Reading)

●Now, once again read the text carefully and answer the true or false questions.※6
(1) Osoは，スペイン語で「馬」だ。
(2) Osoは，大きくて黒いテリア種の犬だ。
(3) Osoは，その後に悪いことが起こるので，お風呂に入るのが嫌いだ。
(4) Osoは，サンバイザーとネッカチーフを身につけて "nursing home" へ行く。
(5) Osoが部屋に入ると，老婦がOsoを呼ぶ。
(6) Osoは老婦のひざの上に頭を置く。

●Question 1. Oso is a horse in Spanish. Is this true or false? If you think true, raise your hand. How about false? Raise your hand.
○馬じゃないの？
○bearって書いてあるじゃん
●Question 2. Oso is a large, black, terrier dog. Is this true or false?.

※6 T/F Questionsの活用
　2nd readingでは，もう少し詳細情報を尋ねていきます。テキストに興味をもたせながら，正確に読ませるために，少しひっかけのあるtrue or false質問にしています。この質問タイプの良い所は，ただ単に○か×かだけではなく，本文を何回も読ませることができるところにあります。えっそうなの？と教師が言うたびに，ヒントや答えのある英文を生徒たちは探すことになります。

6.4 説明文の指導モデルを見てみよう②

○〈ほとんどが○に手を挙げる〉
●The answer is false.
○えっ，何で×なんですか？※7
●The text says "large, black, terrier...."
○なんで，違うんじゃ。
○〈1人の生徒が高く手を挙げて〉mixって書いてあります
●What does "mix" mean in Japanese?
○雑種，雑種
●You are right.
●Question 3. Oso doesn't like to take a bath because something bad happens. Is it true or false?
○True. Falseかな…

●What does "something good" refer to? Why is it good for Oso?※8

○something goodって，nursing homeへ行くこと？
●What is "nursing home" in Japanese?
○〈辞書を調べ始める〉
○老人ホーム
○介護施設
●Right. Then, why does visiting the nursing home make Oso feel good?
○…
●O.K. let's find the answer from the text.

※7 意外性をもたせる
あえて○と答えさせることで，生徒の焦点が本文テキストに向けられることになり，発見が生まれます。

※8 間接性を生かす
"nursing home"が老人ホームということを知り，なぜOsoが介護施設を良い所と感じるのか，生徒の心が動く発問である。かつては野良犬だったが，今は老人ホームで人と触れ合いながら，助けになっているということを考えさせる伏線づくりになっている。
「Osoにとって良いことがある」「それが，老人ホームへ行くことである」という流れに，この英文の優れたところでもあり，そのギャップに生徒が気づくことで，ちょっとした生徒の心の動きが生まれ，次を読み進める動機を生み出します。

● Translate the following sentences into Japanese.※9
(1) She pets him and talks to him.
(2) I enjoy meeting Oso so much.
(3) I want him to stay longer. I want him to come more often.

●(1)を考えてみましょう。どうでしょう。
○petsの意味がわからん。petって何ですか？
○何でこんなところにpetってあるんですか？
●Sheって人を表す主語だね。petにsがついてたらpetは何だと思う？※10
○動詞です。
●動詞でpet，後ろにhimが来てるけど，どういう意味だろう？
○かわいがる？
○なでる？
●そうだね。なでるだね。
○先生，talk to himって何ですか？
○なんで to なんですか？
●いいところに気がついたね。talkって何？
○話すです。
●toって何だろうね。toって矢印の⇒みたいな感じなんだよね。talk withでもないし，talk aboutでもない。
●himって誰のこと？
○犬のOsoのことです。
●そうだよね。なんでwithじゃなくて，toなんだろうね。これは深いよ。
○〈辞書を調べ始める〉
●Osoはしゃべる？

※9 確実に押さえたい箇所の訳読
　ただ単に訳させるだけではなく，生徒自身で日本語訳を発見できるように生徒の思考を導いています。「はい，訳せ」という形ではなく，ヒント情報を少しずつ出して，みんなで訳を考え出していく形をとっています。

※10 間接性を生かす
　ここでは，"pet"という語が動詞であること，"talk to"の意味，"I want 目的語 to"の意味などを生徒自らがそれらの意味に気づくように，教師は間接的なヒント情報を少しずつ出すように工夫をしています。

6.4 説明文の指導モデルを見てみよう②

○しゃべらない
●一方的に老人が話しかけている感じが出せるよね。もしOsoが話せたら，ここ何が来ると思う？
○with
●そうだよね。ということで，どんな意味かな？
○話しかけるだと思います。※11
…
●(3)を考えてみましょう。
○〈訳せない生徒が多い〉
●では，ちょっと考えてみましょう。〈次のことを板書する〉

(A) I want to clean my room.
(B) I want you to clean my room.

●ちょっと眺めてみよう。何が違う？
○you
●そうだよね。これは大きい差があるんだよね。みんな掃除は自分でしてる？(A)はどういうこと？
○私は自分の部屋をそうじしたい。
○絶対したくねぇ。
●じゃあ，(B)のI want YOU to clean my room. って言ったら誰が掃除をするんだろう？
○あなた。
●そうだね。ということは？
○あなたに私の部屋を掃除してほしい。
●そうだね。I want 人 to 〜 で「人に〜してほしい」という意味だよね。
○困ります。※12
●himって誰のこと？
○犬のOsoのこと
●long-longer-longestってやったよね。

※11 間接性を大切にする
　ここでは生徒たち自身で考えて文法の根本にある規則に気づかせています。生徒たちに考えさせたり推測させたりしながらやる気を引き出していきましょう。

※12 偶然性を生かす
　他の人に自分の部屋を掃除されるのははずかしいと発言する生徒が出てきたらこの文法の説明は十分に理解されたということです。クラスにも活気ができて楽しい学びの場になります。

○もっと長く彼にいてほしい
…

(3rd Reading)

●老人ホームに入居している人々が，どのようなときにイライラするのだろうか。※13

●イライラするという語がPart 1の第3段落目にあります。どの単語でしょうか？
○frustrated
●そうだね。発音してみましょう。〈発音の練習する〉
●どんなときに老人ホームの人たちはイライラすると書いてある？
○他の人によって理解されないとき

●なぜOsoとの間にはイライラするような問題は起きないのでしょうか。

○withoutって何ですか？
●"I can't live without you." は？
○あなたなしでは生きられないです。
○きゃー
●そうだね。withoutで「〜なし」でという意味だね。
●ということはどうしてなのでしょう？
○ことばなしでも気持ちを理解できるから。
○本当にOsoはわかってるの？
○ただ，わからんだけちゃうん？
●そうかもしれないね。
○Osoなりに聞いているんだよ。

●Do you think that Oso is happy?※14

※13 間接性を生かす
いきなりこの問いに答えることは難しいため，生徒の反応を見ながら，ヒント情報であるイライラするという形容詞を本文から探させ，ハードルを下げ，そこから答えを考えだすきっかけを作り出しています。

※14 本質を突いた思考発問
この問いは，YesかNoかで答えるシンプルな問いですが，根拠を本文中から見つけなければなりません。これは一文の意味が理解できるだけではなく，前後の文章全体から判断を求める問いになっています。みんなで意見を出しながら，理解や考えが深まっていくような問いです。

●Do you think Oso is happy? Yes or No?
○〈たいていはYes, 1人2人Noと答える〉
●なぜYesなの？
○なんとなく。
●stray dogって何？
○〈辞書を調べ始める〉
○野良犬
●今は何をしていると書いている？
○人の助けになっている。
○かつては野良犬だったのが，今では人助けをしているから，happyだ。
●なんでNoだと思うの？
○犬は犬らしく。
●そういう見方もできるね。※15

※15　多様性を認める
　「Osoは幸せ？」という問いに対し，生徒はたいていYesと答えますが，ときどきNoと答える生徒がいます。そんなとき，その理由も尋ね，その生徒の考えを認めることも大切です。多様な解釈を積極的に発言できる雰囲気が生まれます。

〈Part 2 とPart 3 は省略〉

表現の段階

●このレッスンではペットとその利点について見てきました。では，先生がこれから身近なペットについて話をします。みなさんにも同じようにペットについて発表してもらいます。※16注意して聞いてください。〈教師がモデルを示す〉
●先生が示したモデルを文字化したものを配るので，次の質問の答えを考えてください。
　(1)ペットの種類は何？
　(2)毎日何をするのが習慣？
　(3)なぜ家族にとって大切なのか？

※16　本文の表現を活用させる活動
　本文で使われていた表現をもとに，英語で表現させます。再度テキストを読み返すことになります。

〈教師のモデル〉※17
(ペットの写真を拡大したものを見せながら)
　This is Nana. She is a white and brown, small Shih-Tzu. She lives with my family in Awaji Island. My grandmother likes to knit sweaters for Nana. My uncle takes Nana for a walk everyday. It is good exercise for him. My father and mother like to play with Nana. When they pet her, they feel relaxed. Nana is very important for my family. I want Nana to live long.

●自分自身の立場で，英語で答えましょう。※18
(1)発表したいペットまたは好きな動物を決めよう
　　　　　　　　　　　　　　(　　　　　　　)
(2)大きさは？　　　　　　　(　　　　　　　)
　　色は？　　　　　　　　　(　　　　　　　)
　　種類は？　　　　　　　　(　　　　　　　)
(3)日課や習慣，そのペットが好きなものを考えよう
(4)なぜそれが大切なのか書いてみよう

●では，次の授業で発表してもらいますが，紹介するペットの写真をもってきてください。写真を使って発表をしてもらいます。
〈次の授業でクラスの前で１人ずつ発表する〉※19

6.4 説明文の指導モデルを見てみよう②

※17　教師のモデル提示
　教師が自分自身の事柄をモデルにして，上手に生徒に示すことで，生徒は興味をもってこの表現活動に取り組むきっかけを作り出すことができます。

※18　ステップを用意する
　生徒がどのような順序で考えていけば発表しやすいのかをあらかじめ予想してステップを踏んでいけるように工夫しましょう。

※19　表現活動の大切さ
　発問を通してテキストを深く読み取らせ，さらに表現活動をさせる準備としてステップを踏んで考えさせているため，生徒はテキストから学んだ表現をうまく使い，豊かな内容を発表します。テキストで理解したことを表現につなげていく指導を大切にしていきたいものです。

第6章　発問を中心に授業を組み立てる

●英語教育コラム(6)
第二言語習得過程と内発的動機付け

第二言語習得のプロセス

　第二言語習得理論において，言語習得は学習者が言語を理解したり表出したりする過程を繰り返す中で起こると考えられている（e.g., Skehan, 1998；Ellis, 2008）。図1は，この言語習得のプロセスを簡略化したものである。音声や文字としてのインプット（input）を学習者が受け取る中で，新しい言語構造に気づき（noticing）が起こり，気づいた言語構造は作動記憶（working memory）に一時的に蓄えられる。意味づけが行われた言語情報は長期記憶（long-term memory）の言語知識体系の一部として組み込まれていく。そして，その構築された言語知識が活用されて，学習者は言葉や文字としてアウトプット（output）することができるようになるという一連のプロセスである。

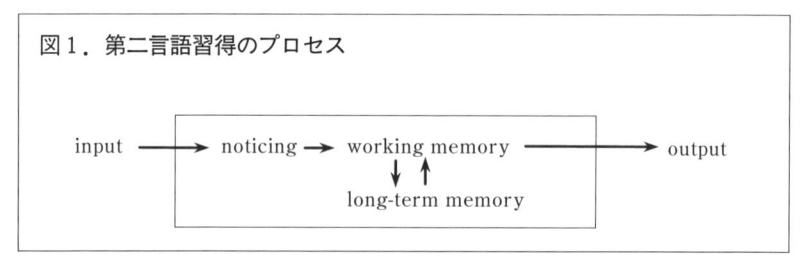

図1．第二言語習得のプロセス

input → noticing → working memory → output
　　　　　　　　　　　↓↑
　　　　　　　　long-term memory

　外国語としての英語を指導する上でとくに重要な問題となるのは，学習者にどのようにインプットを与え，気づきを促し，アウトプットさせるかである。インプットを受け取る段階では，インプット内の言語情報に学習者の関心を向けること，新情報を理解するための適切なヒント情報を用意することなどが挙げられる。学習者に気づきが起こるためには，学習者がもつ既有知識とインプット内の情報を効率的に照合させ，気づいた言語情報が長期記憶の知識として蓄えられることが重要とされる。アウトプットの段階では，獲得した言語知識をもとにアウトプットして活用することが重要であり，教師や他の学習者からフィードバックを得てアウトプットしたものを自分で振り返る機会をもつことが，言語習得の促進のために重要であると考えられている。

内発的動機付けとは

　言語習得が促進されるには，インプットからアウトプットまでのプロセスにどのように学習者を深く介入（involvement）させていくかが重要な問題となる。言語習得を促す要素として，インプットの量や質，言語活動のタイプ，学習者の個性などがあるが，その中でも重要な要素として，学習者の動機付け（motivation）をあげることができる（Skehan, 1998）。学習者自らが言語のやりとりに主体的に介入したいと思わせることが，言語習得を促す大きな要素であると考えられるからである。動機付けとは，一般的に，人に行動を起こさせ一定の目標へ方向付けるものである。その動機付けの中でも，テストや受験といった外発的動機付けではなく，学習者自らが理解したい，考えてみたい，表現してみたいといった，学ぶことそれ自体の楽しさを求めた行動を支える動機は，内発的動機づけ（intrinsic motivation）と呼ばれる。内発的動機付けを高める要因としては既知と未知のズレから起こる認知的不協和や学習者自身が行為の主体であると感じる自己決定性などが考えられている（中島ほか，2005）。

　言語習得における一連のプロセスは，本書で見たリーディング指導の授業展開である，導入・理解・思考・表現とほぼ一致する。また，その授業に生徒を内発的に動機付ける支援は，教師の「発問」によるところが大きい。このように考えると，教師の仕事は，テキストの本質を捉えた上で，どのような問いを学習者に投げかけ，どのようにテキストの読みを内発的に動機付けるかであると考えられる。最終的な表現までを見通した上で，テキストを導入し，テキストを正確に理解させ，深く思考させ，そして豊かな表現にまで，学習者が主体的に取り組んでいけるように緻密に授業をデザインする力が求められている。

◆**参考文献**

中島義明ほか（編）（2005）『新・心理学の基礎知識』東京：有斐閣

Skehan, P. (1998) *A Cognitive Approach to Language Learning*. Oxford：Oxford University Press.

Ellis, R. (2008). *The Study of Second Language Acquisition*. Oxford：Oxford University Press.

参考文献

青木昭六・浜田忍（2005）「コミュニケーション能力を育成するための発問のあり方」『愛知学院大学人間文化研究所紀要』第20号 427-452頁

Bloom, B. S., J. T. Hastings, and G. F. Madaus. (Eds.). (1971). *Handbook on Formative and Summative Evaluations on Student Learning*. New York：McGraw-Hill.

Canale, M. (1983). "From communicative competence to communicative language pedagogy." In J. C. Richards & R. W. Schmidt. (Eds.). *Language and Communication* (pp. 2-27). New York：Longman.

Hunt, J. McV. (1965). "Intrinsic motivation and its role in psychological development." In D. Levine. (Ed.). *Nebraska Symposium on Motivation. Vol. 13*. (pp. 189-282). Lincoln：University of Nebraska Press.

池野修（2000）「読解発問」高梨庸雄・卯城祐司（編）『英語リーディング事典』73-88頁　東京：研究社

今泉博（2002）『集中が生まれる授業』東京：学陽書房

稲垣佳世子ほか（2002）『認知過程研究：知識の獲得とその利用』東京：放送大学教育振興会

伊藤元雄（1986）「英語ⅡBの教科書をどう使うか：解読から解釈へ」『現代英語教育』12月号　16-17頁

岩下修（1989）『AさせたいならBと言え』東京：明治図書

JACET教育問題研究会（編）（2005）『新英語科教育の基礎と実践』東京：三修社

門田修平（2007）『シャドーイングと音読の科学』東京：コスモピア

加藤辰雄（2008）『誰でも成功する発問のしかた』東京：学陽書房

Kintsch, W. (1998). *Comprehension：A Paradigm for Cognition*. Cambridge：Cambridge University Press.

Koda, K. (2004). *Insights into Second Language Reading*. Cambridge：Cambridge University Press.

小嶋恵子（1996）「テキストからの学習」波多野誼余夫（編）『認知心理学5：学習と発達』181-202頁　東京：東京大学出版会

望月昭彦ほか（編著）(2007)『新しい英語教育のために：理論と実践の接点を求めて』東京：成美堂

西林克彦 (2005)『わかったつもり：読解力がつかない本当の理由』東京：光文社

西本有逸 (2005)「リーディング」田中正道（監）『これからの英語学力評価のあり方』105-117頁　東京：教育出版

Nuttall, C. (2005). *Teaching Reading Skills in a Foreign Language*. Oxford：Macmillan.

大井恭子　編著 (2008)『パラグラフ・ライティング指導入門』東京：大修館書店

Pavio, A., T. B. Rogers, and P. C. Smythe. (1968). "Why are pictures easier to recall than words?" *Psychonomic Science*, 11, 137-138.

斎藤喜博 (2006)『授業の展開（新装版）』東京：国土社

高梨庸雄・卯城祐司（編）(2000)『英語リーディング事典』東京：研究社

竹蓋幸生 (1997)『英語教育の科学』東京：アルク

田中武夫 (2006)「一枚の写真を使って効果的な導入を」『英語教育』10月増刊号 17-19頁　東京：大修館書店

田中武夫 (2008)「リーディング指導における教材解釈のあり方」『中部地区英語教育学会紀要』第37号 105-112頁

田中武夫 (2008)「発問を使って生徒を授業に引き込みたい」『英語教育』10月号　10-11頁　東京：大修館書店

田中武夫・田中知聡 (2003)『「自己表現活動」を取り入れた英語授業』東京：大修館書店

津田塾大学言語文化研究所読解研究グループ（編）(2002)『英文読解のプロセスと指導』東京：大修館書店

恒吉宏典ほか（編）(1999)『授業研究重要用語300の基礎知識』東京：明治図書

van Lier, L. (1996). *Interaction in the Language Curriculum*. Essex：Pearson Education.

吉本均（編）(1981)『教授学重要用語300の基礎知識』東京：明治図書

吉本均（編著）(1989)『教材解釈と発問づくり』東京：明治図書

吉本均 (1995)『発問と集団思考の理論　第二版』東京：明治図書

Widdowson, H. G. (2007). *Discourse Analysis*. Oxford：Oxford University Press.

引用英語教科書一覧

〈高等学校用〉

All Aboard! English I（2007）東京書籍
Big Dipper English Course I（2008）数研出版
Daily English Course I（2004）池田書店
English 21 I（2002）東京書籍
English 21 Read on!（2002）東京書籍
Evergreen English Reading（2001）第一学習社
Exceed English Series II（2005）三省堂
Genius English Course I Revised（2000）大修館書店
Genius English Course I（2002）大修館書店
Genius English Course I Revised（2008）大修館書店
Mainstream English Course I Second Edition（2007）増進堂
Milestone English Course I（2002）新興出版社啓林館
Milestone English Reading（2003）新興出版社啓林館
New English Pal I（2008）桐原書店
One World English Course II（2008）教育出版
PRO-VISION English Reading（2004）桐原書店
Polestar English Course I（2002）数研出版
Revised Milestone English Course I（2000）新興出版社啓林館
Revised Polestar English Course I（2005）数研出版
Unicorn English Course I（2005）文英堂
Unicorn English Reading（2005）文英堂
VISTA English Series New Edition I（2008）三省堂
Vivid English Course I（2004）第一学習社
Vivid English Course II（2004）第一学習社

〈中学校用〉

New Horizon English Course 2（2008）東京書籍
New Horizon English Course 3（2008）東京書籍
Sunshine English Course 3（2002）開隆堂

Acknowledgements

p. 7 Liz Hodgkinson. (1987). *Smile Therapy*. The Maggie Noach Literary Agency.

pp. 42-43 Takao Suzuki, Akira Miura. (1978). *Words in Context*. Kodansha International Ltd.

p. 64 Chris Moon. (1999). *One Step Beyond*. Macmillan.

p. 68 Charles Schulz. (1999). *PEANUTS A Golden Celebration*. Harper-Collins:United Feature Syndicate, Inc.

p. 72 John Mundahl. (1993). *A Multicultural Reader*. Addison-Wesley Longman.

pp. 78-79 Patricia Ackert. (1994). *Cause & Effect (2nd ed.)*. Heinle & Heinle Publishers.

p. 116 大下英治（2002）『手塚治虫――ロマン大宇宙』講談社

p. 122 Paul Snowden. (1985). *Working with Words*. Kaitakusha.

p.142 Bill Gates. (1999). *The Road Ahead*. Pearson Education Limited.

p. 178 Karen Levine. (2002). *Hana's Suitcase*. Second Story Press.

pp. 242-243 Diane Blackman. (2005). *Therapy Dogs and Visiting Pets*. HP: Dog-Play.

〈Magazine〉

p. 38 *Reader's Digest, August*. (1992). "Music's Surprising Power to Heal" Reader's Digest.

p. 138 *English Zone, No.7*. (2004). 中経出版

写真提供元

p. 179「ハンナのかばんの写真」：NPO法人ホロコースト教育資料センター（www.ne.jp/asahi/holocaust/tokyo）

p. 182「漁師の写真」：天明水の会

◆執筆者紹介

田中武夫（たなか・たけお）
福井県出身。兵庫教育大学大学院連合学校教育学研究科，博士号取得（学校教育学）。現在，山梨大学大学院教育学研究科言語文化教育講座准教授。主な著書に，『「自己表現活動」を取り入れた英語授業』（共著，大修館書店），『英語教師のための文法指導デザイン』（共著，大修館書店），『推論発問を取り入れた英語リーディング指導：深い読みを促す英語授業』（編著，三省堂）などがある。

田中知聡（たなか・ちさと）
兵庫県出身。兵庫教育大学大学院学校教育研究科修了，修士号取得（教育学）。現在，山梨県立甲府城西高等学校教諭。主な著書に，『「自己表現活動」を取り入れた英語授業』（共著，大修館書店），『英語教師のための文法指導デザイン』（共著，大修館書店）がある。

英語教師のための発問テクニック——英語授業を活性化するリーディング指導
ⓒ Takeo Tanaka & Chisato Tanaka, 2009　　　　NDC 375/x, 261p/21cm

初版第1刷———— 2009年7月10日
第6刷　———— 2014年9月1日

著　者————田中武夫・田中知聡
発行者————鈴木一行
発行所————株式会社　大修館書店
　　　　　〒113-8541　東京都文京区湯島2-1-1
　　　　　電話　03-3868-2651 販売部／03-3868-2293 編集部
　　　　　振替　00190-7-40504
　　　　　[出版情報] http://www.taishukan.co.jp

装丁者————杉原瑞枝
印刷所————壮光舎印刷
製本所————司製本

ISBN978-4-469-24542-4 Printed in Japan

Ⓡ本書のコピー，スキャン，デジタル化等の無断複製は著作権法上での例外を除き禁じられています。本書を代行業者等の第三者に依頼してスキャンやデジタル化することは，たとえ個人や家庭内での利用であっても著作権法上認められておりません。